Inspiracionario 2009
Pita Ojeda

**365 fórmulas
para estar bien y ser mejor**

1ª edición: septiembre, 2008

Inspiracionario 2009
365 fórmulas para estar bien y ser mejor

D.R. © 2008, Pita Ojeda

D.R. © Ediciones B México, S.A. de C.V.
Bradley 52, Colonia Anzures. 11590, México, D.F.

www.edicionesb.com.mx

ISBN: 978-970-710-378-8

Pita Ojeda
www.pitaojeda.com
Av. Nuevo León 148, Col. Condesa
México, D.F.
5219 0939

Predicciones astrológicas y aspectos zodiacales
Consuelo Carrillo
Astróloga, angelóloga
www.todoslosangeles.com
5219 0939
México, D.F.

Predicciones Calendario Chino
Vivian San Juan
Astróloga Orientadora
visanjuan@aol.com
305 262 8010
Miami, Florida

Predicciones del Calendario Maya Tzolkin
Mariello Fedele
Kan Oc
mariello.fedele@gmail.com
Quintana Roo, México

Vestuario
Gustavo Matta
www.gustavomatta.com.mx
México, D.F.

Desarrollo editorial, diseño, formación,
concepto fotográfico y portada:
Agencia Vértice Creativo, S.A. de C.V.
www.agenciaverticecreativo.com
info@agenciaverticecreativo.com
Fotografía: Juan Carlos Castillo Bonner

Tiempo Nuevo

Como ha sucedido millones de veces, la Tierra ha dado la vuelta alrededor del Sol, sin alterar su ritmo, reiniciando su transcurso orbital, como siempre, como seguirá siendo. El Universo se expande hacia infinitos espacios, el infinito es cada vez más distante, y nosotros expandimos nuestro deseo de saber más, de tener más, de ver más, de vivir mejor: de ser mejores.

Hemos redescubierto lo que supieron antes, que somos tres en uno: cuerpo, mente y alma. Comprendemos que el Universo está afuera y nosotros dentro de él, que cada movimiento que hacemos lo altera en la misma dimensión que sus emanaciones influyen en nuestra trinidad. Como cuerpo, crecemos más fuertes, grandes y bellos. Como mente, comprendemos que todo surge de ahí mismo y que atraemos lo que pensamos según la fuerza y persistencia. Como alma, espíritu o ser superior, entendemos que somos uno con Dios y Dios es uno con nosotros.

El tiempo que parece pasar, sólo es un marcador que separa lo que fue de lo que será; para el Universo, una exhalación, para nosotros, la posibilidad cíclica de acceder a una nueva vida. Que sea este espacio por venir, el que consolide lo que tu mente desea obtener, lo que tu cuerpo puede forjar y a donde tu espíritu te lleve a volar.

Midamos entonces con nuestra propia medida y celebremos el inicio del tiempo nuevo, el que será mañana y pasado mañana, el que siempre será.

Todo pasa y todo vuelve, eternamente gira la rueda del ser. Todo muere, todo reflorece; eternamente se desenrolla el año del ser. Todo se rompe, todo se reajusta; eternamente se edifica la morada del ser.

Friedrich Nietzsche

Predicciones 2009
Calendario Astrológico

2009 Inicia con el Sol, Mercurio, Marte, Júpiter y Plutón en Capricornio: juntos traen grandes cambios. Son la fuerza de lo que necesariamente termina, y se renueva, las lecciones aprendidas que nos permiten pararnos firmes, afrontar lo que venga y cambiarlo, redoblar el trabajo, con imaginación y entusiasmo para triunfar.

Saturno -en oposición a Urano- comienza retrógrado y continúa en Virgo, ordenando, disciplinando, haciendo ver que es el maestro, el que pone las reglas, compara y acomoda. Habrá un auge en investigaciones, secretos develados, mejor salud. Hasta que Saturno se mueva el 29 de octubre, seguirán crisis, desempleo y tiranos que sometan a sus pueblos. Los signos de tierra: Tauro, Capricornio y Virgo lucharán contra retrasos y pesimismos, pero con su energía y estabilidad, saldrán triunfantes de esta prueba, más fuertes que nunca.

Astrológicamente, es un ciclo para reconstruir, la energía se mueve como rehilete: va, viene, se detiene. Negocios y países cambiarán vertiginosamente. Quienes tenían el mando ya no estarán. Sin poder ni influencia su desempeño será juzgado severamente. Lo actual queda obsoleto. Hay nuevas formas de comunicación.

Las finanzas siguen igual, el petróleo será motivo de guerras secretas, el poder adquisitivo bajará y dará paso a especulaciones con recesión. Júpiter en Capricornio apaciguó, cuando entre en Acuario dejará de mediar pero traerá descubrimientos en tecnología. Urano en Piscis favorece la ciencia.

El amor inicia con un enero rebelde, revolucionario y distante; se vuelve creativo en Aries hasta junio. Luego se asienta, armoniza, brilla, analiza, equilibra y escudriña las profundidades cuando termina el año en Escorpio.

En el 9-9-9 (septiembre 9 del 09), se alinearán las fuerzas del Cosmos para que todos sanemos la Tierra y a sus habitantes, generando pensamientos positivos y buenas acciones en preparación para el tiempo nuevo que tú puedes cambiar porque tus deseos son órdenes. Feliz año, felices días. Que el sol brille para todos.

Consuelo Carrillo.

Calendario Chino
Búfalo de Tierra, año 4707

El año lunar chino que da comienzo el 26 de enero, nos aportará gran espiritualidad, pero nos advierte que el éxito sólo se logrará con gran esfuerzo. El Búfalo, es un signo fijo que genera seguridad y fuerza. Se le relaciona con el color verde y su nombre en chino es Niu. En el año del poderoso Búfalo surgirán grandes responsabilidades que nos ayudarán a crecer y a magnificar nuestro poder de elección, a exaltar el ingenio y la creatividad. El Búfalo aportara fuerza vital y entereza, lo que será necesario porque el éxito sólo se logrará con persistencia y esfuerzo.

Este será un año adecuado para resolver todo lo relacionado con la familia, el hogar y la convivencia doméstica, ya que en esta área pueden surgir conflictos. La enseñanza servirá para poner orden, retomar las tradiciones familiares y el respeto a la autoridad.

El Búfalo llevará la crisis económica a todos los niveles en busca de soluciones que armonicen el bolsillo de ricos y pobres. Hay que prepararse para ahorrar y gastar responsablemente.

En el amor, buscaremos seguridad y comprensión. La comunicación debe reforzarse, ya que la influencia del Búfalo será de timidez y silencio, que pueden prestarse a dar las cosas por entendidas y que se queden sin aclarar. Será un buen año para concretar relaciones duraderas, con bases sólidas y mucha armonía. Esta etapa será ideal para llevar una vida sana y mejorar la alimentación.

Evitemos dispersar nuestra energía lamentándonos. El Búfalo es trabajador, fuerte, disciplinado, altivo y temerario, esas características son las que debemos tomar de él para obtener buenos frutos y grandes recompensas.

En el año Búfalo no tendremos carencias si canalizamos nuestras fuerzas objetivamente, si trabajamos con empeño, constancia y disciplina. Quienes nazcan en este año poseerán gran fuerza física y mental. Serán triunfadores natos y llegarán a tener fortuna y bienes materiales.

Vivian San Juan

Calendario Maya Tzolkin
La Cuenta de los Días

Las culturas ancestrales nos han dejado grandes legados como el yoga, la acupuntura, el reiki o la meditación; así los mayas nos legaron un instrumento muy valioso en los códigos del tiempo: el Tzolkin, el calendario sagrado de la cuenta de los días, que nos señala que en este año 2009, tendremos la influencia de dos grifos, el de la Tormenta Azul, que regirá del 1° de enero al 25 de julio y el de la Semilla Amarilla, para el resto del año.

La tormenta azul viene acompañada del número 3 y nos indica que es un período de auto generar la energía para sanar nuestro lado oscuro, cualquiera que éste sea, miedo, tristeza, inconformidad, frustración, etc. El buen humor, la ilusión, la magia y la fantasía, son armas muy poderosas para elevar las vibraciones de tu espíritu. Pon en claro tus ideas, exprésalas con armonía para ti y los que te rodean, mantén el equilibrio en cada situación difícil con el decreto de la palabra amorosa transformadora. Llama a tu sabiduría interna y atrévete a florecer de forma original: sé tú mismo. Se despertará la energía femenina del planeta y esto implica un cambio vibracional significativo. Lo femenino ejercerá su autoridad, la compasión de todos los seres será requerida para sincronizarnos con el latido del corazón cristal de nuestra Madre Tierra. Ella nos trae el mayor aprendizaje para este período.

En la segunda parte del año, la Semilla Amarilla y el número 4 nos piden regresar a los orígenes, estabilizando la palabra para conectarnos a la abundancia de la energía del Amor. Manifiesta tu amor por los vínculos filiales y permite la transformación que viene de tus ancestros, de tus raíces, de tus antepasados. Llegó el momento de liberar a nuestra alma de las ataduras de la ignorancia y los paradigmas ancestrales. Bendice y alaba tu acervo existencial. Atrévete a explorar estos espacios que vienen de tu línea familiar y purifica la fuerza que te ha dado la vida. Es imprescindible sanar las emociones que perturban nuestro estado de gozo. Utiliza el libre albedrío que te ha sido concedido y decide escoger la belleza que brinda el ser planetario. Sé humilde y sumiso a la voluntad de tu espíritu, ríndete para que puedas cumplir con la misión que te ha sido asignada y que nadie más puede realizar. Les deseo un año 2009 lleno de buenas vibras y mucha elevación de la conciencia. *In Lack ech, yo soy otro tú.*

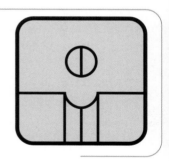

Mariello Fedele
Kan Oc

Calendario Lunar

De igual manera que la Tierra cumple un ciclo anual al rodear al Sol, la Luna puntualmente cumple otro circundando a su patrona y señora. La Luna está relacionada con la energía femenina, su día es el lunes, favoreciendo todo aquello relacionado con la mujer o las actividades femeninas. Su ciclo de 28 días es igual al que marca la etapa fértil en las mujeres.

La Luna afecta las fluctuaciones del agua en el planeta, cuando su fase comienza a crecer, lo hacen las mareas de los océanos, hasta llegar a su esplendor en luna llena, momento en que los mares presentan marea alta.

La Tierra está compuesta en tres cuartas partes por agua, igual que el cuerpo humano, por eso entendemos que también somos afectados por sus movimientos tanto física como emocionalmente.

Los antiguos sabios, las mujeres por desaparecidas civilizaciones y por supuesto los marinos y agricultores de todos los tiempos, han sabido utilizar las fuerzas emanadas por la Luna para fluir con ella y lograr sus propósitos.

Abramos nuestros ojos ante lo innegable: todo influye en todo y como es arriba es abajo, por lo tanto, como es adentro es afuera.

Como ayuda a tu inspiración he marcado claramente junto a cada día la fase lunar correspondiente, de esta manera podrás integrar esta información en tu diario vivir, utilizando su energía para crecer, triunfar, terminar o aguardar.

Primer cuarto creciente

Ideal para todo lo que tenga que ver con principios y cosechas: proyectos, ahorros, relaciones amorosas, asociaciones de negocios, entrenamientos físicos, estrenar casa o automóvil nuevo, pero no para empezar una dieta, pues en esta etapa el cuerpo asimila más los alimentos.

Segundo cuarto creciente

Éste es un tiempo de desarrollo, de que los procesos ya iniciados se desplieguen. Todo crece, se incrementa, evoluciona, se desarrolla. Ideal para despuntar el cabello y que crezca más rápido, para inauguración de negocios y locales comerciales, para presentar proyectos que han sido iniciados en el primer cuarto creciente.

Luna llena

Auge, éxito, culminación de todo lo que empezó en la luna creciente. Éste es el momento de máxima plenitud. Día ideal para potenciar tus pensamientos positivos, para darte un baño lunar y recibir su energía de plenitud, respirando luz blanca, sintiendo cómo esa luz entra por la coronilla inundando cada uno de tus órganos, de tus células. Es el momento de hacer públicos los proyectos, es decir, de sacar a la luz todo lo que llevas dentro. En noche de luna llena los rituales de amor y prosperidad tendrán más éxito. Expón tus joyas, dinero, amuletos, cuarzos y objetos de poder a su influencia para que se carguen de energía positiva. Los romances y momentos amorosos serán más pasionales, pero ojo, también es probable sentirse susceptibles e iracundos. Los nacimientos son más probables en Luna llena.

Primer cuarto menguante

Etapa de consolidación, pero esencialmente de replantearte qué actitudes, comportamientos y hábitos deseas erradicar. Comenzar una dieta en esta fase de la luna es ideal para bajar más rápido de peso. También es buena fase para hacer un retiro espiritual.

Segundo cuarto menguante

Ésta es la etapa en que los proyectos y romances que no fueron bien fundamentados pueden terminar. Este es un tiempo de reposo, de guardarte, de finalizar proyectos, de cerrar temas pendientes. Momento de lentitud y de reorganizarte. Todo lo que se corte tardará más en crecer, ideal para hacerte un nuevo estilo en el cabello que requiera mantenerse corto. La luna menguante es buena para terminar y eliminar, para hacer clarificaciones energéticas en casa y persona, para despedirte de alguien o algo que te ha hecho daño.

Luna nueva

La noche de luna nueva, también llamada luna negra, es en la que no hay que hacer nada, esa noche debes guardarte porque no hay energía, digamos que está vacía. En luna negra no debes tomar decisiones importantes, es noche de reposo. Pero al amanecer, todo comienza desde cero, es magnifica etapa para todo buen comienzo, para encontrar el amor, para pedir por lo nuevo. Todo lo que comiences bajo su influencia se verá favorecido: tratamientos, viajes, estudios, siembras y peticiones sobre todo las relacionadas con un nuevo amor.

2009

Tiempo que inspira el cambio

El 2009 es el año mundial de la astronomía, una invitación más para mirar hacia arriba y entender que somos uno con el cosmos. Las predicciones mayas, astrológicas y chinas apuntan hacia una misma dirección: la necesidad de hacer cambios profundos en nuestra manera de vivir, para redirigir las energías de nuestro mundo y recuperar la armonía.

Este 2009 será un año difícil en cuanto a cuestiones climáticas y financieras, pero también es cierto que con la intención y la acción podremos brincar los obstáculos y que el esfuerzo personal, el trabajo espiritual y la dedicación serán las únicas herramientas que nos lleven al éxito.

En 2009 las mujeres tomarán un rol fundamental en la evolución del planeta, ya que será por medio de ellas y su liderazgo que se realicen los cambios más profundos; ayudemos a su desarrollo alentándolas a lograr más.

Los líderes que hasta ahora han sido rectores del mundo, dejarán de serlo a menos que empeñen su inteligencia emocional en cada acción; seamos vigilantes y propositivos. Los recursos naturales sustentarán el progreso, pero habrá que buscar otras fuentes de energía y ser equitativos en la repartición de la riqueza y las oportunidades, de otro modo la balanza se cargará hacia el lado negativo.

La etapa es de saneamiento; esta purificación puede llegar por medio del agua y la misma puede volvernos más sentimentales. Lo relevante es entender que habrá que vaciar para volver a llenar, mantengámonos atentos. Las predicciones nos brindan un panorama de lo que puede ser y de lo que puede hacerse para evitar resultados desfavorables, despleguemos entonces nuestra capacidad creativa para actuar de forma positiva que coadyuve al bienestar del planeta y al crecimiento humano.

Cada mes de este 2009 tiene una esencia acorde a la temporada. Cada día posee una inspiración dependiendo de la época, de las posiciones astrales, de las celebraciones, creencias de fe y de la energía lunar y sus influjos.

El Inspiracionario es una herramienta de crecimiento para alcanzar bienestar, prosperidad, amor, salud y armonía, es un aliado en tu evolución personal. Día con día y de acuerdo a la energía correspondiente, encontrarás una fórmula para estar bien y vivir mejor, para crecer espiritualmente y lograr tu máximo desarrollo.

En el espacio diario encontrarás toda la información que influye en tu vivir; en el extremo superior derecho está la fase lunar y hora de inicio de la luna llena, las celebraciones y fechas importantes se encuentran abajo del día. Los aspectos planetarios que ejercen mayor influencia están claramente señalados y en todo hay un llamado a la acción o pensamiento correspondiente al día.

Usa el espacio interlineado para anotar tus pendientes y actividades, tus pensamientos, ideas, retos e inspiración. Dale seguimiento a tus metas, examina tus acciones, lleva un control de tus actitudes y emociones, haz tu propia valoración.

El 2009 comienza con buenos aspectos y la esperanza que conlleva un nuevo inicio, aprovecha esta oportunidad al máximo para conseguir todo lo que anhelas, porque en tus manos y en la pureza de tus deseos está tu éxito. Que sea este año el que marque tu evolución personal, el que redefina el buen camino del hombre y su futuro en el universo.

Pita Ojeda

enero

Enero es el mes que define y da origen al espíritu que nos acompañará todo el año, es el tiempo de los propósitos y el positivismo. La masa energética que generamos miles de millones de personas esperando lo mejor nos retroalimenta con sus vibraciones creando una reacción en cadena.

Éstos son días de transformación, de redoblar esfuerzos, de elegir cuidadosamente nuestras metas personales, laborales y amorosas, pero también de proyectar imágenes, actos y pensamientos que nos acerquen a nuestros objetivos.

Realiza tu trabajo con alegría y disciplina, usa tu poder mental, vive cada día a plenitud mostrándote agradecido, alegre y seguro del porvenir. Proyéctate.

proyecta

Jueves • 1

Descansa y planea lo que vas a construir este año

Recibir los primeros rayos solares del nuevo año atrae buena suerte, mantente activo en las áreas que te interesa proyectar este inicio, comienza a ejercer tu poder de atracción y medita en tus objetivos. Bebe agua en abundancia, te ayudará a desintoxicar y a purificarte por dentro del exceso de comida y bebida de las celebraciones, dáte un baño con miel para atraer las bondades del nuevo año.

Conjunción del Sol, Marte y Plutón, junto a Júpiter y Mercurio en Capricornio. Te da fuerza y sabiduría para superar obstáculos en todo lo que emprendas.

¡Felicidades! hoy puedes comenzar desde cero una vez más, escribe tus metas.

Viernes • 2

Prepárate para recibir la prosperidad

El primer paso para recibir todo lo que nos está destinado es vaciar para volver a llenar. Haz una revisión exhaustiva de armarios y cajones, saca todos los objetos que no tienen uso ni importancia y decide qué hacer con ellos. Tira o regala todo lo que esté roto o descompuesto, elimina la negatividad que se queda estancada con el almacenamiento de artículos innecesarios. Saca también cobijas, chamarras y todo lo que sabes ya no se necesitará.

Desapégate de la ropa que no te has puesto en más de un año, haz un bien donándola a quien la necesite.

l	m	m	j	v	s	d
			1	2	3	4
5	6	7	8	9	10	11
12	13	14	15	16	17	18
19	20	21	22	23	24	25
26	27	28	29	30	31	

enero

Sábado • 3 **Renueva energías**

Purifica la energía de tu casa para recibir el año nuevo lleno de bendiciones. Comenzando desde la puerta de entrada, recorre cada espacio con un incienso mientras pides por el bienestar y armonía de la familia, camina siempre hacia la derecha pasando por cada habitación hasta terminar de nuevo en la puerta. Para concluir, enciende una veladora blanca para armonizar los espacios.

Coloca flores blancas en el centro de tu hogar y purificarán el ambiente.

Domingo • 4 **Llena de maravillas tu vida**

Luna creciente

Éste es un buen día para arreglar jardines y macetas, así como para expresar abiertamente tus sentimientos de amor. Regala un "te quiero" a cada ser amado, comunícate con familiares y amistades deseándoles prosperidad y alegría. Los primeros 15 días del año marcan la tendencia a seguir, conecta tus ideas con tus acciones, crece hasta el infinito regalando amor, poniendo todo tu empeño para conseguir tus metas.

Elige con tus hijos de entre sus juguetes algunos en buen estado para obsequiar el Día de Reyes a los que no tienen.

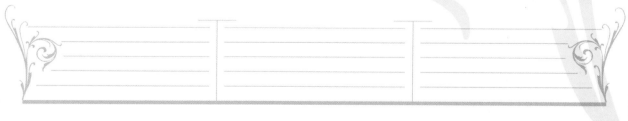

Proyecta

Lunes • 5 — Despliega tu magia en la Noche de Reyes

Ejerce tu poder para generar riqueza y dar felicidad, tú tienes la llave mágica que abre todas las puertas, sorprende a grandes y chicos dejando un obsequio o dulces junto a su zapato. Tú tienes la capacidad de producir alegría brindando amorosos detalles, pon a girar la rueda que traerá de vuelta lo que entrañablemente das.

Júpiter en trino con Saturno te brinda el conocimiento para obtener ganancias.

Recupera la ilusión, pon tres platos con agua para aliviar la sed del camello, el caballo y el elefante de los Reyes Magos.

Martes • 6 — Festeja la inocencia de los niños

Santos Reyes

Esta tarde se parte la Rosca de Reyes en compañía de amigos y familiares, recuerda que simboliza el cuidado con que se guardó al Niño Dios, amenazado de muerte por Herodes. Protege la inocencia de todos los niños, ayuda a mantener la magia de la ilusión en su espíritu y procura su felicidad. La tradición dice que a quien encuentre la figurita del niño en su porción de pan, le tocará dar una fiesta con atole y tamales el 2 de febrero, Día de la Candelaria.

Preserva las tradiciones que nos unen como raza, credo y nación.

enero

l	m	m	j	v	s	d
			1	2	3	4
5	6	7	8	9	10	11
12	13	14	15	16	17	18
19	20	21	22	23	24	25
26	27	28	29	30	31	

Miércoles · 7 — Utiliza la energía a tu favor

La energía que recibimos en luna creciente es de desarrollo y se puede utilizar para favorecer nuestros proyectos personales. Busca qué asunto interno tienes que trabajar, decide pensar positivamente y actuar en consecuencia; éste es el momento ideal para comenzar una buena dieta que además de ayudarte a perder los kilos ganados, se convierta en un estilo de vida. Toma diariamente agua en abundancia.

La Luna en trino perfecto con Mercurio, Júpiter, el Sol y Saturno, te presta todo el esplendor especialmente en relaciones públicas, enseñanza, leyes y comunicaciones.

Hoy también es un magnífico día para despuntar tu cabello y cortar uñas si deseas que crezcan fuertes.

Jueves · 8 — Que tu primer propósito sea estar bien y verte mejor

Ahora que traes el viento a tu favor puedes tomar cualquier decisión y llevarla a cabo detalladamente. Pon atención a tu cuerpo, especialmente si está débil, cansado o pasado de peso, para que sea más sano, vigoroso y bello. Decide hacer algún tipo de ejercicio diariamente, caminar es buena idea, especialmente si no has estado en forma, incluye en tu alimentación diaria cereales, frutas y verduras. Si te sientes bien con tu cuerpo, te sentirás bien con el mundo.

Consume menos carne roja e integra diariamente algún vegetal verde y cinco almendras. Esta combinación te ayudará a bajar el abdomen.

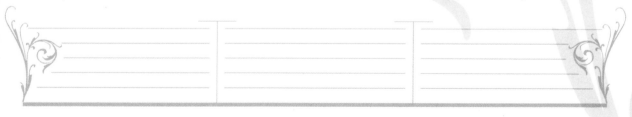

Proyecta

Viernes • 9 — Consigue el cuerpo que quieres

Revisa tu clóset y pruébate toda la ropa, especialmente la que hace tiempo no usas. Deshazte de las prendas que no te quedan, que te aprietan o que has guardado más de un año, pon atención a tu ropa interior, un sostén que aprieta, deja marcas en la espalda y el área de la axila; es preferible conservar poca ropa que te haga lucir bien. Ponte metas para volver a utilizar la talla más chica que usabas, si es el caso.

Si tus pantalones te sacan una lonjita es momento de tirarlos o bajar de peso, tú decides.

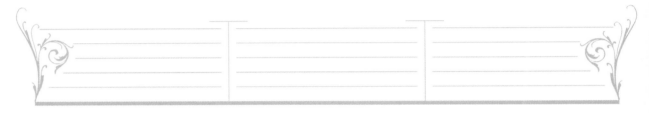

Sábado • 10 — Atrae la buena fortuna

Esta noche realiza el poderoso ritual de luna llena. Forma un círculo con azúcar o diamantina plateada y coloca una veladora plateada en el centro, pon dentro del círculo objetos e imágenes que reflejen lo que deseas: casa nueva, automóvil, trabajo, vacaciones y demás. Coloca tu dinero, joyas, amuletos, cuarzos, fotografías de seres amados y una carta petición con tus objetivos para este año. Usa toda tu intención cuando enciendas la veladora y concéntrate en tus deseos, déjala consumir, guarda los recortes en una caja o sobre y agradece cada deseo concedido.

Luna llena (21:27)

La verdadera felicidad no consiste en tenerlo todo, sino en no desear nada.
Séneca

enero						
l	m	m	j	v	s	d
			1	2	3	4
5	6	7	8	9	10	11
12	13	14	15	16	17	18
19	20	21	22	23	24	25
26	27	28	29	30	31	

Domingo · 11 — Genera energía de prosperidad

Revisa tu casa exhaustivamente para retirar objetos rotos, cambia portarretratos en malas condiciones y reemplázalos por otros nuevos donde exhibas fotografías de tu gente querida en momentos de felicidad. Tira tazas y platos despostillados, arregla y limpia cortinas sucias, tapetes y cojines deshilachados. La energía de tu casa cambiará inmediatamente, el ambiente se refrescará y renovará, atrayendo buenas oportunidades.

Lo que vemos genera más de lo mismo. Que todo lo que mires hable de armonía.

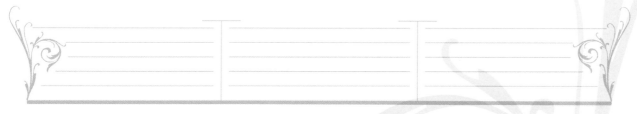

Lunes · 12 — Provoca lo que deseas con acciones simbólicas

Si quieres que llegue la fortuna a tu vida, riega polvo dorado o plateado y dinero de imitación en tu negocio u oficina, también tira dulcecitos perfumados por las esquinas y afuera de la entrada para atraer clientes y generar abundancia. Todo es lo que simboliza, alinea la energía de tu espacio laboral con la relacionada al bienestar y la riqueza.

Ahí siguen Marte, el Sol y Júpiter amigables con Saturno, Venus y Urano recibiendo lecciones de Saturno y asegurando una comunicación entusiasta para abrirte los caminos.

Coloca lindos recipientes con esas monedas de chocolate forradas de dorado en tu casa y trabajo.

Proyecta

Martes · 13 Atrae la buena suerte

¿Ni te cases, ni te embarques, ni de tu casa te apartes?
Pensar así no es prevenirse, es llamar a la mala suerte. Nuestro cerebro no reconoce la palabra *no* y le da energía al concepto. Piensa asertivamente y actúa en forma eficaz, con seguridad en el porvenir. Este día está regido por la fuerza guerrera de Marte, aprovéchala a tu favor y no dejes entrar a tu mente frases fatalistas. Viste de rojo y atrévete a conseguir tus sueños.

Saturno en oposición a Urano te aconseja superar el conflicto y balancear tus deseos de libertad con lo que dictan las normas y costumbres.

Repite 13 veces: Hoy es mi día de buena suerte y ¡créelo!

Miércoles · 14 Cuida tu patrimonio

Este día se te aconseja frenar tus deseos de gastar, pero si el dinero te pica en las manos, mételo dentro del cochinito y así en lugar de gastarlo habrás ahorrado. Coloca tu alcancía en la zona de la riqueza, al fondo a la izquierda tomando como punto la entrada de tu casa o habitación.

Saturno te aconseja prudencia con cualquier compra o inversión de capital probablemente relacionada con artículos de lujo.

Saca cuentas de lo que gastas en boberías o malos hábitos, piensa cuánto tendrías o en qué cosa importante podrías invertir ese dinero.

| ■■■ enero ■■■ | | | | | | |
l	m	m	j	v	s	d
			1	2	3	4
5	6	7	8	9	10	11
12	13	14	15	16	17	18
19	20	21	22	23	24	25
26	27	28	29	30	31	

Jueves • 15   Sal y conquista

Aprovecha este tránsito haciendo vida social, sal con tus amigos o acepta esa invitación pendiente. Si te has mantenido alejado del foco público, lo más seguro es que pocos piensen en ti para un nuevo proyecto o cualquier cosa. Éste es el momento de cambiar la inercia y dar un salto, tú puedes conseguir cualquier cosa que te propongas. Sal y conquista el mundo.

El Sol en trino con la Luna amplifica la concordia, el entendimiento, el romance y da poder a la imagen pública.

Además de arreglarte y lucir impecable, no olvides que tu mejor accesorio es una sonrisa.

Viernes • 16   Hazlo posible

Cualquier cosa que necesites te será dada, pide sin limitarte a lo que tú pienses que es posible o no, a lo que es caro o barato, grande o chico. Comienza con lo más factible, como recuperar algo perdido, para el Universo no hay imposibles, ni tamaños, ni cantidades. Cuando te enfocas en un proyecto, trabajando con dedicación, tus vibraciones se alinean con la energía que es idéntica en esencia y los milagros suceden.

Desear y pensar en algo lo atrae, agradecer por adelantado que lo has conseguido concretará su materialización.

Proyecta

Sábado • 17   **Disfruta con tus mascotas**

Bendición de los animales

La tradición de llevar a bendecir a los animales hoy día de San Antonio Abad, nos recuerda el equilibrio que debe existir entre el ser humano y la naturaleza. Las mascotas nos brindan compañía y la oportunidad de amar y ser amado, se sabe que en los hogares donde hay mascotas las parejas pelean menos, los niños aprenden a hacerse responsables de otro ser y los ancianos viven más y mejor. El movimiento continuo de las mascotas en la casa, moviliza también la energía del lugar.

Luna menguante. El Cosmos está de fiesta con el Sol, Júpiter, Marte y Mercurio favoreciendo tus asuntos pendientes.

Agradece que tu mascota haya traído alegría a tu vida.

Domingo • 18   **Regala un tesoro de amor**

Escoge una linda cajita o mejor aún, fabrícala tú mismo, llénala con diamantina dorada o plateada, con dulces, corazones y/o besos recortados. Coloca tus manos sobre la cajita, depositando tus poderes de sanación y la fuerza de tu amor, cuelga de un listón un recadito o etiqueta con instrucciones para abrirlo y sacar uno cada vez que el alma de la persona a quien se la obsequies lo necesite.

Regala felicidad, compañía, amor, abrazos y besos.

enero

l	m	m	j	v	s	d
			1	2	3	4
5	6	7	8	9	10	11
12	13	14	15	16	17	18
19	20	21	22	23	24	25
26	27	28	29	30	31	

Lunes • 19 Atrévete

Abre bien los ojos porque este día te ha sido regalado para que te atrevas a hacer eso que siempre has deseado, éste es el momento para perder el miedo, redirigir tu vida y tomar la iniciativa. Habla con dulzura y di lo que piensas, actúa con responsabilidad y da un salto; no hay barreras que te contengan más que las que tú construyas.

Escribe aquí lo que siempre has querido hacer y por algún motivo no has podido. Abócate a un objetivo y pon manos a la obra.

Martes • 20 Proyecta una imagen triunfadora

Utiliza la energía de los colores en tu ropa para proyectar la imagen que te conseguirá ese trabajo, un aumento de sueldo y/o el éxito en una negociación. Viste en color azul marino y agrega un detalle rojo que puede ser una mascada o la corbata. El azul oscuro produce confianza pues se relaciona con los uniformes de las fuerzas de la ley, mientras que el rojo genera poder. Créelo, el triunfo es tuyo.

Pon especial cuidado en los zapatos y uñas, mantén la espalda derecha y mira a los ojos.

Proyecta

Miércoles · 21   Sueña dulces sueños

Tus sueños son el reflejo de tu vida emocional más profunda, el estrés y aflicciones se traducen en problemas al dormir. Evita pesadillas colocando al lado de tu cama un vaso con agua y una cucharada de azúcar, que tirarás a la mañana siguiente. El agua purifica tus sueños y el azúcar los endulza, antes de meterte en la cama decide que vas a soñar cosas hermosas y así será.

Evita espejos que te reflejen mientras duermes.

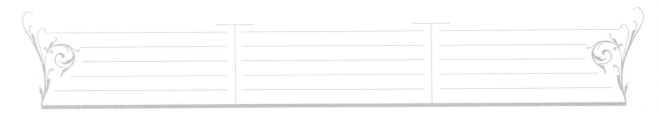

Jueves · 22   Protege tu casa

Mantén alejada la negatividad de vecinos molestos, personas con malas intenciones y envidias, colocando macetas con plantas espinosas fuera de puertas y ventanas. Las espinas y hojas puntiagudas rechazan la energía de actividades desfavorables relacionadas con postes eléctricos, tráfico vehicular y negocios desagradables.

Los cactus son ideales para este propósito y por lo tanto nunca deben estar dentro del hogar.

l	m	m	j	v	s	d
			1	2	3	4
5	6	7	8	9	10	11
12	13	14	15	16	17	18
19	20	21	22	23	24	25
26	27	28	29	30	31	

enero

 30

Viernes • 23   Llena de amor tus espacios

El viernes es el día de Venus, diosa y planeta del amor. Invítalo a tu casa plantando un rosal en tu jardín o en una maceta que reciba el sol, también puedes colocar ramos de rosas en tu sala y habitación, esto aplica especialmente a quienes viven en pareja y desean mantener o recuperar la emoción. Las rosas en color rosado atraen el romance, en rojo la pasión, en amarillo la concordia y la comunicación, mientras que las blancas generan paz.

Pon a secar sus pétalos para después utilizarlos en rituales y regalos.

Sábado • 24   Mantén una actitud positiva

Recuerda que todo es transmutable y que la mejor forma de cambiar el enojo, la frustración y la tristeza es colocándose del lado contrario de ese sentimiento. Si estás triste, sonríe, cuando ríes la mente no puede procesar pensamientos negativos, tú puedes cambiar tus sentimientos y hasta los de quienes te rodean.

Saturno y Mercurio están retrógrados en el zodiaco, necesitarás análisis, sosiego y alegría para contrarrestar cualquier tendencia negativa.

Hoy haz uso de tu mejor herramienta y desarma al enemigo con una gran sonrisa. Esta fórmula es infalible.

Proyecta

Domingo • 25 — Prepárate para recibir el Año Nuevo Chino

Este mes recibimos dos veces un Año Nuevo cargado de bendiciones y abundancia. El principio del año chino debe recibirse con la casa limpia para que llegue la suerte y prosperidad, tira la basura, limpia perfectamente tu casa y oficina, pon especial atención en la entrada. Mañana se debe estrenar ropa y colocar imágenes del espíritu que se quiera llevar en el año que empieza.

Prepara sobres de papel rojos con dinero, cuarzos y dulces para regalar a los niños y a las personas mayores.

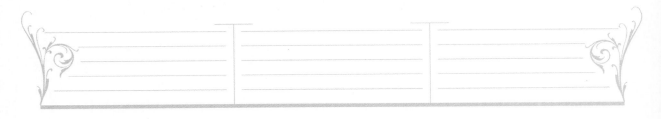

Lunes • 26 — Celebra el Año Nuevo Chino

Año Nuevo Chino 4707

Luna nueva

¡Felicidades! Hoy entra el año del Búfalo con todo su ímpetu.

Rituales del Año Nuevo Chino:
- **Las mujeres que buscan casarse visten de rojo.**
- **Se decora en rojo y dorado para atraer la prosperidad.**
- **Se regalan dulces como presagio de alegría.**
- **Se colocan imágenes u objetos que asemejen el espíritu que se desea como inspiración.**

Dicen los tibetanos que durante los siguientes 15 días todo lo que hagas regresará a ti un millón de veces.

enero 2009

l	m	m	j	v	s	d
			1	2	3	4
5	6	7	8	9	10	11
12	13	14	15	16	17	18
19	20	21	22	23	24	25
26	27	28	29	30	31	

enero

 32

Martes • 27 Sintonízate con la energía oriental de renovación

Primer día del Año Nuevo Chino, año del Búfalo. Esta influencia es buena para consolidar, según la tradición china, hoy no se debe barrer la casa para no alejar la abundancia que está llegando, y en los cinco días por venir no se debe barrer hacia afuera. Tampoco se deben decir malas palabras y por el contrario hay que desear el bienestar y la prosperidad.

Toma este inicio como tuyo, como una nueva oportunidad de comenzar.

Miércoles • 28 Inventa un nuevo negocio

El mundo es de los audaces y a ti te sobra creatividad, sal de tu zona de comodidad innovando. Tú tienes la capacidad de generar buenas ideas y de llevarlas a cabo de principio a fin, sacúdete el polvo viejo y ponte en acción.

Urano y Venus en conjunción te están desafiando en la casa de Piscis para que dejes atrás la fantasía y busques soluciones novedosas en materia de recursos económicos y finanzas.

Saca del cajón ese proyecto inconcluso.
Aprovecha la luna creciente que apoya los buenos principios.

Proyecta

Jueves • 29   Recibe respuestas mientras duermes

Todos soñamos aunque algunos no logren recordar, porque los sueños que se mantienen frescos en la mañana, suelen esfumarse durante el día. Por eso ten junto a tu cama lápiz y papel para anotar los detalles al despertar. Más tarde, al revisarlos encontrarás datos reveladores que te ayudarán a entender el proceso que estás viviendo o el camino que debes seguir.

Evita sueños desagradables y pesadillas colocando imágenes sagradas para ti cerca de tu cama.

Viernes • 30   Libérate y despega con nuevos bríos

Deshazte de algún asunto negativo guardado por años, de los malos sentimientos o rencores que obstruyen tu futuro y ensucian tus emociones. Elige un confidente de confianza para desahogar tu mente y alma o escribe todo en un papel y quémalo en cuanto termines. Cuando logras exteriorizar un pendiente emocional, quedas liberado.

Venus en oposición con Saturno te invita a no dejarte llevar por celos ni pesimismos amorosos.

Coloca las cenizas en tu mano derecha y sóplalas hacia el viento diciendo: "Me libero de... y soy feliz".

enero						
l	m	m	j	v	s	d
			1	2	3	4
5	6	7	8	9	10	11
12	13	14	15	16	17	18
19	20	21	22	23	24	25
26	27	28	29	30	31	

Refrena ese ímpetu precipitado

Si amaneces impetuoso, sintiéndote a disgusto y con ganas de pelear, piénsalo dos veces, mejor quédate en cama más tiempo y ponte un lapso tras el cual deberás cambiar por completo de actitud. Toma un largo baño y medita antes de actuar.

Plutón, recién en Capricornio entra en tensión con Venus, cuida no tomar decisiones apresuradas en cuestiones amorosas o de finanzas.

Armoniza tu mente poniendo una gota de aceite esencial de lavanda en tu mano y aspira profundamente tres veces.

Dieta de la luna nueva

Aprovecha todas las veces que quieras y haz la famosa dieta de la luna para desintoxicarte y perder de dos a tres kilos. Toma nota de la hora de entrada y suma en total 26 horas empezando dos horas antes de su punto máximo o terminando dos horas después de cumplidas 24 horas de su inicio.

Durante ese tiempo no comerás ningún alimento sólido de procedencia animal o artificial. Beberás únicamente líquidos naturales como agua, jugos naturales colados, té, café, y caldo de verduras. No debes consumir lácteos, refrescos, café instantáneo, consomé de pollo, ni jugos procesados o enlatados.

Proyecta

El amor inspira

Todo es lo que simboliza, para atraer el amor a tu vida ten cerca imágenes que lo inspiren y te hagan vibrar en la misma frecuencia.

- Rosas: Las rojas atraen la pasión y las rosadas el romance.
- Cuarzo rosa: Armoniza al tiempo que atrae energía amorosa.
- Canela: Atrae la pasión y genera poder de atracción.
- Ámbar: Para pedir por el amor primero.
- Piedra imán: Atrae irresistiblemente.
- Arcángel Chamuel: Mensajero del amor.
- Veladoras rojas y rosas: Portadoras de tus deseos

Cupido, la cara del amor

Sus flechas representan el deseo y las emociones amorosas, cuando Cupido hiere a alguien con ellas -sea dios o mortal- le condena a enamorarse profundamente. Dios del amor en la mitología romana, conocido como Eros en la mitología griega, este niño es hijo de Venus (Afrodita para los griegos), diosa del deseo, la belleza y la fertilidad.

Aromaterapia afrodisíaca

Los aceites esenciales contienen el espíritu puro de la naturaleza.
- Para atraer el amor romántico: Rosas y Jazmín.
- Para seducir: Sándalo y Pachulí.
- Para enloquecer de pasión: Ylang Ylang.

febrero

Mes del amor, de demostración de
los sentimientos más bellos y
profundos, de dejar fluir la
esencia sublime y empatar con la
energía de la temporada. Todas
las actividades relacionadas con
la comunicación, el arte y la
belleza se verán favorecidas.

Expresa libremente tu alegría,
deja que emerjan emociones que
te conecten con lo divino, con lo
espiritual, con lo que no se ve,
pero se siente.

Abre la puerta de tu corazón
dejando entrar a las otras
personas, pide por el amor
verdadero, por tu alma gemela.
Trabaja con entusiasmo, tu vida
será bendecida pues todo lo que
realmente es, tiene al amor como
inspiración. Ama.

ama

Domingo • 1   Comienza el mes del amor amándote

Redescubre tus valores personales, has nacido con ciertos atributos y virtudes que a lo largo de los años has acrecentado, hay cientos de características que te hacen especial. Comienza a mirarte en el espejo con buenos ojos, admira tus cualidades internas y externas. Sólo quien se ama y acepta a sí mismo tal como es, puede ser amado y valorado en su exacta dimensión por las otras personas.

Mercurio en Capricornio. Cuida tu relación con parientes y amigos, pueden estar resentidos por tu alejamiento o por algo que dijiste. Tu intuición te dice cómo actuar.

Regálate algo que hayas deseado. Por supuesto que lo mereces.

Lunes • 2   Enciende una luz
Día de la Candelaria

Se celebra la purificación de la Virgen María y la presentación del niño Jesús ante el templo con la bendición y el encendido de las candelas y la presentación del niño Dios ataviado y engalanado. Al que haya encontrado al niño en la Rosca de Reyes le toca el honor de hacer una tamalada y cuidar al niño en su casa. El espíritu de este día es luminoso, la energía es de purificación.

Luna creciente

Enciende una veladora blanca, pide por tu bien, el de tus seres queridos y por el de todos los niños, las madres y los más necesitados.

febrero   2009

l	m	m	j	v	s	d
						1
2	3	4	5	6	7	8
9	10	11	12	13	14	15
16	17	18	19	20	21	22
23	24	25	26	27	28	

38

Martes • 3   Reafírmate con frases positivas

Fortalece tu autoestima y personalidad, escribe con letra muy grande frases positivas que destaquen lo que tú vales y lo que quieres favorecer en tu vida, pega estos letreros en lugares visibles, de ser necesario en toda tu casa. Cuando retroalimentas la mente con ideas claras comienzas a vibrar en la misma sintonía reforzando el concepto que destacas, en este caso tu autoestima, haciéndote poderosamente vital, atrayendo alegría y prosperidad.

Coloca un letrero con cumplidos para ti mismo en el espejo.

Miércoles • 4   Perdona y perdónate

Libérate de sentimientos negativos que bloquean la llegada del amor y la abundancia, date un tiempo de claridad mental y escribe una a una cada ofensa recibida a lo largo de tu vida, especialmente aquellas que te dejaron una marca dolorosa. Cuando perdonas sinceramente te deshaces de la negatividad contenida favoreciendo la llegada de la fortuna; toma responsabilidad por tu participación y perdónate a ti mismo, quema el papel y mientras soplas al viento sus cenizas, olvida para siempre.

Si tienes que hablar de alguien que te hirió y no puedes decir algo bueno, calla y repite el ejercicio.

ama

Jueves • 5 — Atrae la energía de pareja

Cada objeto que tenemos a la vista atrae lo que simboliza, por eso debes procurar mirar cosas bellas e inspiradoras. Si buscas unión de pareja debes decorar en pares: dos cojines, dos macetas, etc. cuida que las imágenes reflejen lo que buscas en tu relación de amor. Consigue una figura con dos pajaritos o peces que vean o se dirijan hacia el mismo lugar simbolizando la dirección que una pareja debe llevar.

Cuando cambiamos interiormente, debemos cambiar también los objetos que nos rodean
Anais Nin

Viernes • 6 — Propicia la llegada del amor

Mirando desde la entrada de tu habitación, la esquina del fondo a la derecha es la zona del amor según el Feng Shui. Coloca allí sobre una mesita la fotografía de una pareja sólida cuya unión represente tu ideal romántico, puede tratarse de tus padres o abuelos, frente a esa foto pon una tuya donde estés sonriendo y te encuentres junto a un mar, río, lago o fuente. En el lugar nunca debe faltar un jarrón con rosas frescas.

Para acelerar la llegada del amor enciende diariamente una veladora roja o rosa en esa zona.

febrero 2009

febrero

l	m	m	j	v	s	d
						1
2	3	4	5	6	7	8
9	10	11	12	13	14	15
16	17	18	19	20	21	22
23	24	25	26	27	28	

 40

Ama porque así te sientes bien

Si quieres mantener el flujo de energía que atrae la alegría, abre tus brazos al amor. Que el único motor que te impulse sea el deseo de amar, entendiéndolo como la acción material o sensorial de procurar el bien a todos los seres y de todas las maneras en que te sea posible. La energía amorosa de estos días te canalizará con emociones semejantes, colmándote de bendiciones.

Alégrate genuinamente por la felicidad de todas las personas que aman y son amadas.

Tu comida habla de amor y de cuidados

La belleza externa es el resultado de una buena salud, de la actividad física y de la alimentación, ser bello tiene más que ver con la vitalidad que con los rasgos físicos. Mantén lejos las grasas trans contenidas en comida chatarra y las de origen animal que se traducen en colesterol alto. Cocina sanamente utilizando aceite de oliva, de soya o de canola. Bebe agua en abundancia y muévete.

Cada vez que tomas agua le estás diciendo a tu cuerpo: te amo. Reafírmale tu cariño varias veces al día.

ama

Lunes • 9 — Decreta en luna llena y se te dará

Un decreto es una ley que se cumple, una idea que se fija en la mente y que dirigida con intención, se alinea con energías similares logrando transformaciones mágicas. Tus deseos son órdenes, dirígete al centro de tu corazón y repite: Yo soy luz, yo soy amor, yo soy abundancia, todo lo que necesito me es dado, todo llega y lo agradezco.

Luna llena (08:49)
El Sol y Neptuno en conjunción se rebelan contra la autoridad de socios o parejas. Sé prudente e imaginativo.

Recuerda que el pensamiento debe ir acompañado de una acción idéntica en esencia.

Martes • 10 — Elabora una lista de tus dones

Escribe una lista de todo lo que te hace único, anota tus dones y virtudes: buenos sentimientos, características físicas, herencia, habilidades y conocimientos. Tu lista debe incluir todo tipo de aptitudes y dones, como tener buena letra o el cabello sedoso, y cualidades, como ser compartido, leal, buen hijo y demás, esos detalles son los que te hacen único. Al terminar la lista te sentirás fortalecido y el mundo lo notará.

Empieza tu lista ahora y agrega detalles al paso de los días, te sorprenderá lo fascinante que eres.

	febrero					
l	m	m	j	v	s	d
						1
2	3	4	5	6	7	8
9	10	11	12	13	14	15
16	17	18	19	20	21	22
23	24	25	26	27	28	

Miércoles · 11   Prepara los regalos de San Valentín

Corta y cose en tela roja, bolsitas en forma de corazón, rellénalas con pétalos secos de rosas, agrega canela en raja y clavos de olor, incluye tus deseos o sentimientos para esa persona en una etiqueta hecha a mano. Posa tus manos sobre el corazón terminado y deposita en él toda tu energía amorosa. Más que un bonito y aromático detalle se convertirá en un amuleto de amor. Éste es un bello regalo con más valor que un objeto comprado en un almacén.

Confecciona otro para ti y agrégale un cuarzo rosa, pónlo en la cabecera de tu cama o bajo el colchón.

Jueves · 12   Diseña y pide a tu pareja ideal

En total concentración y con mucha fe, recorta de revistas o dibuja a tu alma gemela, pégala junto a una foto tuya donde aparezcas sonriendo o estés en tu mejor momento. Anota alrededor de las fotos las cualidades que buscas y también lo que tú ofreces, cubre todo con pegamento y esparce encima diamantina roja o rosa. En el pedir está el dar, la potencia energética de este día te ayudará a conectar con el Universo mágico.

Escribe tres características fundamentales que pides de tu alma gemela y analiza si tú también las posees.

ama

Viernes · 13   **Prepárate para recibir amor**

Busca un momento de paz para darte un baño que purificará tu energía y te abrirá los canales que atraen al amor. Usa miel de abejas y pétalos frescos de rosas para frotar todo tu cuerpo, concéntrate en esta apertura energética y mantén pensamientos relacionados con tus deseos románticos. Además de mimar tu cuerpo físico, la vibración sutil de estos elementos alineará tu espíritu con los más puros sentimientos, atrayendo como un imán.

Frota la miel de abeja en tus manos pensando que todo lo que reciban y de ellas salga llegue dulcemente y sea bien recibido.

Sábado · 14   **Ama y serás amado**
Día de San Valentín

Recibes el día purificado y con una vibración energética muy alta, si tienes pareja con quien celebrar, pero también si no la tienes, decide amar por el gusto de hacerlo, porque corre sangre por tus venas, porque estás vivo, porque tienes la capacidad de hacerlo y porque amar es un sentimiento divino. El amor cuando es bien concebido genera bendiciones y el apoyo de los demás. ¡Feliz día de San Valentín!

Recuerda que éste también es el día de la amistad, demuestra tu cariño.

febrero

l	m	m	j	v	s	d
						1
2	3	4	5	6	7	8
9	10	11	12	13	14	15
16	17	18	19	20	21	22
23	24	25	26	27	28	

Domingo • 15   Echo a andar tus planes

Aprovecha los inmejorables rayos cósmicos para poner en marcha todo lo que te dijeron que no podías lograr porque tus ideas eran demasiado progresistas y fantasiosas. Sólo tú sabes de lo que eres capaz cuando te decides y sólo tú tomas las riendas del destino, este día es fantástico para desarrollar tus planes.

Continúa el "Stellium" del Sol, Marte, Júpiter, Neptuno, el Nodo Norte, Mercurio y Kiron: Imaginación y sabiduría, fuerza, energía, comunicación e imaginación.

Sal al menos 15 minutos al aire libre, respira profundo y llénate de energía.

Lunes • 16   Termina proyectos inconclusos

La energía de la luna menguante favorece el término de actividades pendientes. Retoma ese cuadro y acábalo, el plan que se quedó en papel, la dieta que nunca seguiste o lo que no has podido expresar. Los asuntos aplazados bloquean la llegada del éxito, cuelga un letrero en un lugar visible que te recuerde los pasos que debes seguir para conseguir el triunfo.

Luna menguante

La luna menguante favorece el inicio de una dieta.

ama

Martes • 17   Ama a esa persona única y especial

Descubre tu parte luminosa y comienza a brillar en todo lo que te propongas. ¿Por qué esperar? Es hora de decírtelo una y otra vez. Te amo por inteligente, por tu simpatía, por tu presencia, por tus sentimientos, por tu decisión de avanzar siempre, porque eres único y especial, porque nadie te conoce como yo. Te amo porque eres tú y tú soy yo.

Cuando te halaguen o hagan un cumplido, acéptalo amablemente diciendo ¡gracias!

Miércoles • 18   Dále luz a los mejores momentos

Las fotografías son testimonios tangibles y perdurables de los momentos inolvidables. Procura tener en tu hogar fotos que muestren a los integrantes de la familia en momentos de triunfo, amor y alegría. Las imágenes relacionadas con éxito profesional o escolar deben colocarse en la zona de la fama según el Feng Shui, que es el espacio central del fondo de la casa, tomando como punto de partida la entrada del lugar.

En la habitación conyugal mantén únicamente fotografías de la pareja, las de familia se colocan en otros lugares.

febrero   2009

febrero

l	m	m	j	v	s	d
						1
2	3	4	5	6	7	8
9	10	11	12	13	14	15
16	17	18	19	20	21	22
23	24	25	26	27	28	

46

Jueves • 19   Pide lo que necesitas

Expresa claramente a los demás cómo te sientes, qué te gustaría, cuáles son las formas de hacerte feliz; así sabrán qué hacer en lugar de andar adivinando. Si quieres algo pídelo amorosamente, le harás más fácil la vida a los otros y recibirás lo que necesitas, recuerda que nadie tiene por qué adivinar lo que estás pensando y cómo te gustaría ser tratado, evita sentimientos de autocompasión relacionándote positivamente.

Para un ser consciente, el existir consiste en cambiar, en madurar, en crearse indefinidamente a sí mismo
Henri Bergson

Viernes • 20   Haz que las cosas sucedan

Es momento de centrarte, madurar y concretar tus ideales. Tu privilegio es tomar la iniciativa y no esperar al hada madrina para arreglar las cosas. Sólo tú tienes la varita mágica que logrará la transformación y materialización de tus deseos, actúa asertivamente, mantén en tu mente pensamientos positivos, visualiza, decreta, confía en Dios y en tus habilidades, pon manos a la obra. Lograrás todo lo que te propongas, aun aquello que parece imposible.

A Dios rogando
y con el mazo dando.

 ama

Sábado • **21**   ## Ponte atención y siempre triunfarás

¡Felicidades! En tu paquete personal cuentas con una herramienta única: la intuición, que funciona a todas horas y te avisa mediante "corazonadas" de lo que está sucediendo y de lo que puede suceder a futuro. Cuando sientas que algo es contrario a lo que parece, cuando tu mente te diga una cosa y tu corazón otra, analiza nuevamente el asunto. Tu sexto sentido es una alarma personal y siempre tiene la razón.

Aprende a diferenciar el sexto sentido del impulso irrefrenable de hacer algo, lo cual generalmente trae malos resultados.

Domingo • **22**   ## Demuestra amor a tu familia

A veces, al estar tan cerca olvidamos expresar lo que sentimos por nuestros seres amados, damos por hecho que lo saben y caemos en apatía y frialdad o descargamos en ellos nuestro mal humor. Busca estar al pendiente de sus necesidades, comunícate con ellos para decirles: te quiero, visítalos para darles un abrazo. Hoy es el día del Sol y de la unión familiar, tu familia eres tú.

Venus en la casa de Aries. Creatividad desbordante, puedes ganar mucho dinero con tus ideas.

No dejes para mañana lo que puedes expresar con tu atención el día de hoy.

febrero

l	m	m	j	v	s	d
						1
2	3	4	5	6	7	8
9	10	11	12	13	14	15
16	17	18	19	20	21	22
23	24	25	26	27	28	

48

Lunes • 23   Sé lo que quieras ser

Comienza la semana positivamente y con la convicción de que puedes conseguir tus metas, enfoca tus pensamientos y dirige en el mismo sentido tus acciones. Tienes cuerpo para movilizarte, puedes hablar y comunicarte, puedes pensar y, lo más importante: tienes el poder de elegir sobre lo que más te conviene.

Saturno retrógrado en la casa de Virgo. Peligro de analizar en exceso, criticar o ponerte negativo con socios o pareja. Evita confrontaciones, deja fluir la situación.

Si quieres cambiar al mundo, cámbiate a ti mismo.
Mahatma Gandhi.

Martes • 24   Atrae buenos sentimientos

Día de la Bandera Nacional

Luna nueva

Hoy sabes que el amor está dondequiera que lo quieras ver, que tú das amor y recibes amor. Repítelo a lo largo del día y todos los días, conviértelo en un estilo de vida que genera alegría, agradecimiento y, por lo tanto, mejores oportunidades. Inspirados por tu buena vibra verás como la gente amorosa te rodea y, al hacerlo, te envuelven con su luz. La luna nueva te ayuda a iniciar un revitalizado y mejor ambiente lleno de sentimientos positivos.

Sorprende a los demás diciéndoles cosas lindas, alabando su trabajo y agradeciendo cada detalle.

ama

Miércoles · 25 — Concibe tu propia esencia

Miércoles de ceniza

Recuerda que polvo eres y en polvo te convertirás, que como humano eres frágil y finito, que nada se crea, nada se destruye, todo se transforma. Toma de estas máximas su sentido más profundo, desapégate de las cosas que no son inherentes a ti, entiende tu función y ciclo en esta vida, aprovecha al máximo tu presencia en esta era, deja tu huella y vive a plenitud. Contacta con lo divino.

Desapégate de los objetos y los estilos de vida, todo es mutable, todo se transforma.

Jueves · 26 — Alimenta la energía de amor

Consigue un cuarzo rosa y déjalo toda una noche reposar en agua con sal; a la mañana siguiente lávalo bajo el chorro de agua, déjalo secar al aire libre y tómalo entre tus manos pensando y depositando en la piedra tu deseo de amor. Colócalo bajo tu colchón para que su energía retroalimente la tuya, formando un circulo energético que atraerá el amor a tu vida. También puedes guardarlo en una bolsita roja con canela y pétalos de rosa y llevarlo en tu bolso.

Si un cuarzo se rompe o revienta ha cumplido su ciclo y propósito y debe ser cambiado por otro.

febrero 2009

| febrero | | | | | | |
l	m	m	j	v	s	d
						1
2	3	4	5	6	7	8
9	10	11	12	13	14	15
16	17	18	19	20	21	22
23	24	25	26	27	28	

 50

Viernes • 27   Enaltece a tu pareja

Las palabras generan energía, si quieres mantener una vida amorosa saludable, que de tu boca salgan testimonios de las cualidades que más admiras en tu pareja o ex pareja. Decide no lamentarte de su conducta o acciones, porque al hacerlo las alimentas y multiplicas, por el contrario, pon en alto a quien has entregado tu amor. Hablar bien del otro, habla mejor de ti mismo y si no hay nada bueno que decir, calla.

La palabra vale. Que tu voz se alce para hablar en nombre del amor.

Sábado • 28   Comienza el ritual mensual de buena fortuna

Símbolo de la buena fortuna el elefante con la trompa hacia arriba atrae la prosperidad. Para llamar al dinero consigue uno en color dorado, dobla un billete de baja denominación diciendo: "Que se multiplique en cien y se centuplique en mil", colócalo colgando de la trompa del elefante. A partir de hoy cada día 28 retira ese billete y gástalo con gusto, cámbialo por uno nuevo el próximo mes.

El elefante debe colocarse en la entrada de la casa viendo hacia adentro.

 ama

Las flores inspiran

Las flores inspiran

Todos los objetos poseen una vibración sutil que afecta directamente a lo que le rodea, la de las flores posee la cualidad de alinear nuestras emociones. Las flores, además, tienen su lenguaje y transmiten nuestros sentimientos hacia otras personas.

- CLAVEL ROJO: Amor conyugal, amistad.

- CRISANTEMO AMARILLO: Amor desdeñado.

- CRISANTEMO BLANCO: Sinceridad.

- MARGARITA: ¿Me amas? Pureza de sentimientos.

- ROSA BLANCA: Soy digno de ti.

- ROSA ROJA: Amor terrenal, pasional.

- CAPULLO BLANCO DE ROSA: Amor inocente.

- TULIPÁN ROJO: Declaración de amor.

- IRIS Y LIRIO: Espíritu elevado de amor.

- ORQUÍDEA: Pongo todo mi amor y mis bienes a tu disposición.

Éste es el tiempo de la primavera, el de las flores, de reproducción y crecimiento, de cosechas; es tiempo de inspiración.

El sol con todo su esplendor te invita a entrar en contacto con la naturaleza y a ser uno con ella. La vida empieza, todo crece y se reproduce. La prosperidad se hace presente derramando bienes en abundancia.

Éste es el tiempo de ponerte en marcha, de sembrar y cosechar, de sacar a la luz nuevos proyectos, de innovar, de colaborar con la naturaleza, de atreverte y de triunfar. En este tiempo, florece.

marzo

florece

Domingo • 1 — Sintonízate con la energía que surge

Sal un momento al aire libre, enfoca tu vista en el follaje de un árbol o del pasto y respira profundamente, con cada inhalación visualiza que entra en ti luz verde que impregna tus órganos, tus células y corre por tus venas. Concentra tu atención en este ejercicio hasta que percibas esta tonalidad en el centro de tu cuerpo. Respirar verde regularmente, revitalizará tu cuerpo atrayendo salud y energía.

Lleva contigo piedras verdes como la venturina o la malaquita, para armonizarte con la salud y prosperidad.

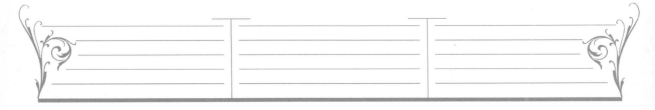

Lunes • 2 — Siembra tus deseos

Escribe una lista detallada de tus deseos, consigue semillas de flores o vegetales y siémbralas en una maceta para cuidarlas cariñosamente, o bien, únete a un grupo ambientalista y planta un árbol. Coloca junto a las semillas la lista de deseos. Fusiónate con la tierra ayudándola en su creación y entregando algo de ti mismo, tus deseos crecerán y florecerán con ella.

Si tienes niños en casa enséñales el crecimiento de un frijol entre dos algodones con agua y hazlos responsables de su parte en el futuro del planeta.

marzo						
l	m	m	j	v	s	d
						1
2	3	4	5	6	7	8
9	10	11	12	13	14	15
16	17	18	19	20	21	22
23	24	25	26	27	28	29
30	31					

Martes • 3 — Mueve tus muebles y moverás la energía

Cambia tu decoración moviendo los muebles de lugar y lograrás cambios mágicos en tu vida. Lo único que tienes que hacer es redistribuir el mobiliario en los diferentes espacios, fijándote bien que ninguno interfiera con el lógico paso de la energía y de los habitantes. Estos cambios te darán la sensación de estreno, bienestar y buena vibra, abriéndote la puerta de las oportunidades.

Procura que tus muebles tengan esquinas redondeadas para favorecer el flujo de la energía y evitar confrontaciones.

Miércoles • 4 — Dale nuevo color a tu estilo de vida

Luna creciente

Cambia tu vida, cambiando los colores de tus espacios. Si buscas una relación familiar armoniosa, pinta las paredes de tu casa en colores relacionados con la tierra: café tabaco, ladrillo, arena y amarillo oro por mencionar algunos. Los tonos tierra se relacionan con la madre y sus características de cuidado, amor y protección, logrando un ambiente más cálido.

La luz que emiten tus focos también influye en el ánimo y emociones, elige los que dan luz amarilla y retira los de luz blanca.

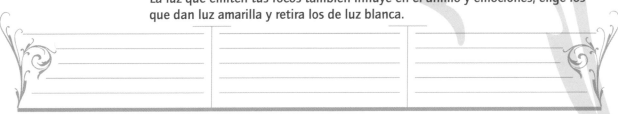

florece

Jueves • 5   Brilla en todo lo que te propongas

Tú sabes que tienes el potencial y buenas ideas, aprovecha este tránsito y logra todos tus objetivos laborales y económicos. Si no tienes planes en puerta es hora de inventarlos, abre bien los ojos y encontrarás la señal que te ayude a desarrollar un proyecto ganador.

Si tienes una buena idea pero te falta dinero, busca entre tus conocidos al socio ideal. Ofrece tu proyecto, tienes el 50% de probabilidades que te digan que sí.

El Sol con Urano en la casa de Piscis, propicia brillantes y novedosas ideas especialmente en relación con temas espirituales y artísticos. Júpiter en sextil con Venus te dará poder, creatividad y don de convencimiento en materia de finanzas.

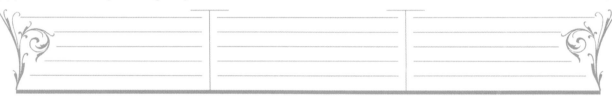

Viernes • 6   Reactiva tu salud y belleza con el Sol

Camina bajo el sol diariamente al menos 15 minutos, los rayos solares estimulan la producción de vitamina D que ayuda a fijar el calcio. El sol es antidepresivo, revitalizante y fuente de salud, abre las cortinas y ventanas de tu casa, para dar entrada al aire fresco y a los rayos del sol, creando un ambiente fresco e inspirador.

Tus mascotas también necesitan su ración solar diaria, los perritos que no salen al Sol pierden el color en la nariz.

marzo 2009

l	m	m	j	v	s	d
						1
2	3	4	5	6	7	8
9	10	11	12	13	14	15
16	17	18	19	20	21	22
23	24	25	26	27	28	29
30	31					

 56

Sábado • 7   **Goza del Sol con precaución**

Toma diariamente baños de sol, pero no olvides proteger tu rostro con bloqueador del número 100. Su aplicación debe repetirse cada tres horas cuando pierde su efecto protector y esto aplica para todos los días del año aunque no estén soleados, pues son los rayos UV y no el calor lo que daña la piel.

También debes proteger tu piel con bloqueador cuando uses la computadora, pues la pantalla emite rayos UV y son igualmente dañinos que el sol.

Domingo • 8   **Celebra colaborando**

Día Internacional de la Mujer

Millones de mujeres en el mundo sufren discriminación, pobreza, son explotadas y en general reciben un pago más bajo por el mismo trabajo que realiza un hombre. Contribuye para cambiar esta realidad, comienza por darle poder a las mujeres que están cerca de ti, dales fuerza emocional respetándolas y alentándolas a lograr más objetivos.

Tú puedes hacer el cambio tendiendo la mano y no estirando el pie en zancadilla a las mujeres que te rodean. Trátalas como te gustaría que te trataran.

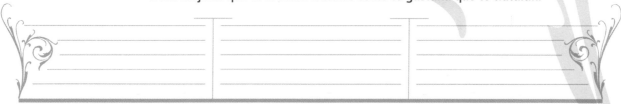

florece

Lunes • 9   Despliega tu poder personal

Permanece bien despierto y siempre ten un proyecto en puerta, el viento soplará las velas de tu nave y te llevará hacia la isla del tesoro, pero debes mantenerte activo, innovando y generando ideas, con los ojos bien abiertos y atento a todo. Nunca permanezcas inmóvil o expectante, sal de tu zona de comodidad y mira hacia el futuro, decide a dónde quieres llegar, visualiza tu proyecto como si estuviera ya realizado. Escucha a los sabios pero decide tú, después de todo es tu vida.

En esta vida lo único seguro es que no hay nada seguro

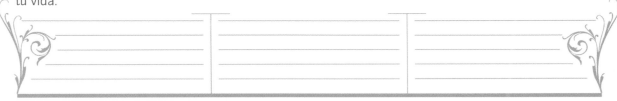

Martes • 10   Decide sentirte bien

Tienes dos alternativas: o le pones alas a tu imaginación y construyes nuevos paradigmas positivos o te envuelves de tristeza, y eso no lo quieres por ningún motivo ¿verdad? Todo lo que te molesta de tu pareja lo tienes tú en cierta medida, deja atrás la fantasía de que algún día cambiará, el único que puede cambiar eres tú, si así lo decides.

Luna llena (20:38)
La Luna y Saturno retrógrado en Virgo, te pueden tornar muy analítico, pesimista y hasta criticón.

Si no tienes pareja y deseas llamar al amor, rocía el camino que lleva a tu casa con dulcecitos, corazones recortados y diamantina rosa.

marzo   2009

l	m	m	j	v	s	d
						1
2	3	4	5	6	7	8
9	10	11	12	13	14	15
16	17	18	19	20	21	22
23	24	25	26	27	28	29
30	31					

marzo

58

Miércoles • 11   Inyecta pasión a tu relación de pareja

Si tu relación de pareja se ha vuelto monótona, fría, falta de pasión y creatividad, es momento de hacer cambios en la decoración de tu alcoba. Pinta las paredes de tu habitación en tonos claros y cálidos como el beige o el arena, usa un cubrecama en rojo o café, decora con artículos elaborados en barro y/o madera, cuelga cortinas de tela en lugar de persianas por muy modernas que sean. No olvides poner flores frescas y manzanas rojas.

Todo lo que vemos y nos rodea influye en nuestras emociones, coloca objetos armoniosos e imágenes que inspiren amor.

Jueves • 12   Sal a ganar

En todo momento siéntete totalmente seguro de que estás haciendo lo correcto para conseguir tus deseos y que todo lo que quieres tener va a llegar a ti en su momento justo. Cuando salgas a la calle, a conseguir un trabajo o cerrar un negocio, ve con la seguridad absoluta de que, si es lo mejor para ti, se te va a conceder. Cada vez que tengas dudas o miedo sobre el resultado, lo estarás debilitando, por eso debes mantener un pensamiento positivo, de ganador.

Una fórmula infalible es pedirle a Dios que ponga las palabras adecuadas en tu boca, si lo haces de corazón nunca falla.

florece

Viernes • 13   Atrae la buena fortuna en el amor

Que no te confunda el titulo de una película, hoy es el día de Venus el planeta del amor, mientras que el número 13 es el de la buena suerte. Haz que este día sea afortunado en el romance, expresa tus mejores sentimientos a esa persona especial, habla bonito de amores pasados, di algo agradable de los demás. Si no tienes pareja, arréglate y sal al mundo, alguien puede estar esperando por ti.

Repite trece veces en voz alta: "El amor verdadero llega a mí".

Sábado • 14   Relaciónate amablemente

Cuando sonríes sinceramente provocas reacción en cadena, primero de desconcierto, después de agradecimiento y por último esa misma buena vibra te es retribuida con una expresión igual. Decide ser tú quien eche a andar la rueda, ábrete camino regalando sonrisas: a tus vecinos, a compañeros de trabajo, a la gente que pasa por la calle. Ser amable es amar.

Los demás son un reflejo de nosotros mismos... ¿Qué ves en los otros?

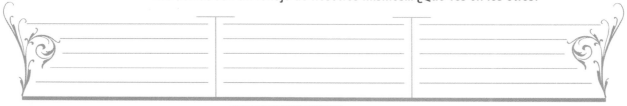

marzo (2009)

marzo						
l	m	m	j	v	s	d
						1
2	3	4	5	6	7	8
9	10	11	12	13	14	15
16	17	18	19	20	21	22
23	24	25	26	27	28	29
30	31					

 60

Domingo • 15   Viste de alegría

Hoy es el día del Sol, sintonízate con su energía vital y contagia a los que te rodean, atavíate en colores amarillos y anaranjados, elige accesorios dorados. Guarda tu ropa de invierno en bolsas bien cerradas, cuelga a la vista prendas en colores vistosos. Abre tu closet y deja que la luz y el aire refresquen su ambiente.

Recorta de revistas combinaciones de atuendos y pégalas en tu armario, con tu toque personal te pueden servir de inspiración.

Lunes • 16   Activa tu hogar

La Luna rige este día y favorece las actividades relacionadas con el hogar y la limpieza. Dedica un tiempo a pulir detalles que te traigan paz y bienestar: Aceita las puertas que rechinan, limpia alacenas, armarios y todos aquellos lugares que por escondidos no se ven, pero que acumulan una gran cantidad de polvo y desperdicios. La limpieza física implica purificación energética.

Hoy proponte ser una mejor persona no juzgando a los demás.

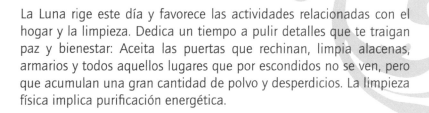

 florece

Martes • 17 — Consigue tu tesoro

Día de San Patricio

La tradición irlandesa dice que en este día la suerte y la fortuna andan cerca, y para llamarlas hay que vestir de verde y demostrar alegría. Cuando San Patricio tuvo que explicar lo que era la Santísima Trinidad, puso como ejemplo un trébol que aunque tiene tres hojas sigue siendo una unidad, en este caso el Padre, el Hijo y el Espíritu Santo, que si bien son diferentes, son lo mismo.

Consigue una planta de tréboles de tres o cuatro hojas para atraer la buena suerte.

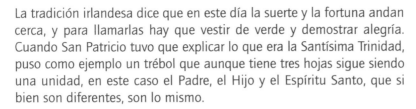

Miércoles • 18 — Deshazte de lo que no te sirve

Luna menguante

Comienza revisando las plantas de tus macetas y/o jardín, pódalas, límpialas de malas hierbas y remueve la tierra. Verifica la caducidad de los alimentos en el refrigerador, congelador y alacena, limpia tus cajones en la oficina y organiza tus papeles clasificándolos por temas, pon atención en tus cosméticos pues después de un año pueden llenarse de bacterias. Lo que no sirve estorba la llegada de la abundancia.

Colabora con el planeta, recicla papeles de escribir usándolos por el otro lado.

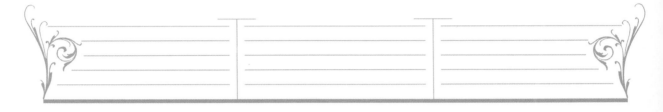

marzo						
l	m	m	j	v	s	d
						1
2	3	4	5	6	7	8
9	10	11	12	13	14	15
16	17	18	19	20	21	22
23	24	25	26	27	28	29
30	31					

Jueves • 19   Alégrate por los triunfos ajenos

Sentir envidia es natural, no dejar que haga nido en ti es divino. Proponte sentir genuina alegría por los éxitos y buena fortuna de los demás, después del primer impulso de reprobación, crítica o celos, bendice los triunfos de esa persona y reconoce que de una forma u otra los merece. La pureza y positivismo de tus pensamientos regresará a ti en la misma magnitud, los regalos que te caerán del cielo serán innumerables.

Este día proponte ayudar a alguien y de cualquier manera.

Viernes • 20   Recibe a la primavera y florece con ella

Durante el equinoccio, el Sol hace un recorrido elíptico sobre la Tierra, cruza el Ecuador y pasa del hemisferio Sur al Norte, dando lugar a este evento, en el cual el día y la noche tienen una duración de 12 horas por igual. Desde la antigüedad las celebraciones de esta época están dirigidas a la purificación y fertilidad, por eso hoy es ideal vestir en color blanco. Enciende una veladora blanca, rodéala de semillas y pétalos de flores, enciéndela pidiendo que el cuerno de la abundancia se derrame sobre ti y todos los que te rodean.

Equinoccio de primavera (05:40)

Sintonízate con la primavera, recibe su abundancia y alegría vistiendo en colores alegres y teniendo flores frescas en tu casa.

florece

Sábado • 21 — Haz del respeto una forma de vida

Natalicio de Benito Juárez

Abre tu mente a otros pensamientos y estilos de vida, recuerda que tu derecho termina donde empieza el de otro. La tolerancia y la comprensión son el camino a una mejor convivencia, acepta a las personas como son, sin juzgarlas y sin buscar cambiar su esencia aunque no concuerdes con sus ideas. Quien respeta será respetado, lo que se da es lo que regresa. "El respeto al derecho ajeno es la paz".

Hoy acepto y valoro a cada quien tal cual es.

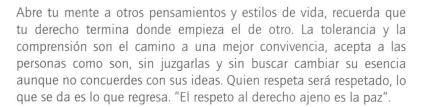

Domingo • 22 — Cuida el bien más preciado

Día Mundial del Agua

El 75% de nuestro planeta está compuesto por agua, pero la que podemos beber es cada vez más escasa debido al desperdicio y contaminación que nosotros mismos hemos provocado. Haz que cuidarla sea tu causa personal: no la derrames, no la desperdicies, no la contamines, cierra bien los grifos, cambia tanques de baños por sistemas ahorrativos, evita las goteras. Piensa qué más puedes hacer para que el agua, nuestra agua, siga siendo fuente de vida.

Tira residuos de aceite, solventes y tintes en botellas plásticas bien tapadas, en lugar de vaciarlos en la coladera.

marzo						
l	m	m	j	v	s	d
						1
2	3	4	5	6	7	8
9	10	11	12	13	14	15
16	17	18	19	20	21	22
23	24	25	26	27	28	29
30	31					

Lunes • 23 Brilla profesionalmente sin opacar

Evita despertar la envidia y mala energía de otros cuidando tus actitudes hacia ellos, la gente más exitosa es la más humilde y amable en su trato con los demás. Aquel que es, no tiene nada que demostrar, ni nada que presumir, porque ya lo es.

Hay una línea muy fina que divide la autopromoción de la egolatría.

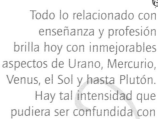

Todo lo relacionado con enseñanza y profesión brilla hoy con inmejorables aspectos de Urano, Mercurio, Venus, el Sol y hasta Plutón. Hay tal intensidad que pudiera ser confundida con arrogancia.

Martes • 24 Descubre quién eres

Examínate a conciencia con el único afán de ser una mejor persona, lograr tus proyectos y ayudar a los demás. Fortalece lo débil y multiplica lo positivo. Trabajar en tus carencias será más fácil si estás consciente de ellas, promete nunca más autocalificarte negativamente, decirte que no puedes, que no vales o que no sirves. Recuerda que afuera hay un universo de posibilidades infinitas que están esperando por ti.

Tu mente no conoce la palabra NO y trabaja sobre el concepto. Que tus pensamientos sean siempre positivos, mucho más cuando se trate de ti.

 florece

Miércoles • 25 Libérate de amores pasados

El intercambio emocional entre dos personas que se amaron queda vibrando en los objetos, en el ambiente y en el éter como un hilo de energía que sólo se rompe cuando un pensamiento más fuerte entra en acción. Si quieres encontrar una nueva pareja pero la sombra de un amor del ayer se sigue interponiendo, debes deshacerte de cartas y fotos que retienen la energía de esa persona en tu vida. Recuerda que no puedes llenar algo que ya está ocupado, libera tu espacio energético y recibe el amor que estás esperando.

Realiza un ritual de despedida, agradece el amor que viviste y da el siguiente paso.

Jueves • 26 Recicla y deja huella

Luna nueva

Llegaste a la Tierra como anfitrión y no como un invitado, lo que quiere decir que debes tomar control y hacer algo bueno por el planeta. Tal vez no puedas cambiar al mundo pero sí puedes cambiar tú y comenzar una ola ecológica que se traduzca en buenos actos a favor del planeta. Comienza por reciclar las bolsas de plástico, úsalas una y otra vez, comprime los envases para ahorrar espacio y elige productos de limpieza que en su etiqueta especifiquen que son biodegradables o amigos del ecosistema.

Evita aerosoles que liberan clorofluorocarbonos responsables de la destrucción de la capa de ozono. La etiqueta debe especificar que no daña la capa superior de ozono.

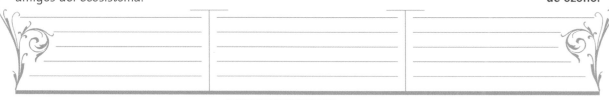

marzo

l	m	m	j	v	s	d
						1
2	3	4	5	6	7	8
9	10	11	12	13	14	15
16	17	18	19	20	21	22
23	24	25	26	27	28	29
30	31					

Viernes · 27   Diviértete y disfruta

La vida debe vivirse a plenitud procurando que cada momento se convierta en una gran fiesta. Con respeto y prudencia puedes lograr un ambiente agradable en tu trabajo imprimiendo un sello de alegría y positivismo, realizar tus labores sin prisa pero eficientemente, regalar palabras amables, agradecer el esfuerzo de otros y mantenerte lejos de chismes. Después, sal a divertirte, hoy es viernes social y del amor.

La Luna en Aries en complicidad con Júpiter impulsa el deseo de aventura y diversión.

Si bebes, recuerda que por cada copa de alcohol, debes consumir un vaso de agua.

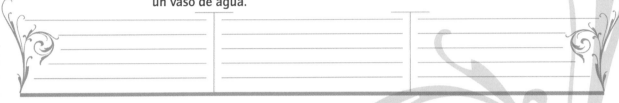

Sábado · 28   Compadécete y actúa en consecuencia

Haz que el poder de la compasión viva en ti, sintiéndola como la capacidad de ponerse del lado de la otra persona, tratando de entender sus necesidades y el porqué de sus acciones. Compadécete por quien sufre, por quien carece, por el que no puede o no quiere y como acción benéfica da, brindando respeto y tu bendición. Causalmente la misma acción positiva regresara a ti, pues con la vara que mides, serás medido.

Ten cerca un Buda de la compasión para ayudarte a mantener la energía en balance.

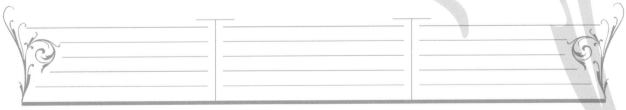

florece

Domingo • 29 Sal al aire libre

Después de un merecido descanso, sal a donde puedas entrar en contacto con la naturaleza, puede ser un bosque o hasta el parque de tu colonia. La intención es que te conectes con el viento, con las piedras y los árboles, si tienes la posibilidad de sentir la energía del agua de un lago, río, mar o de una fuente, mucho mejor. Cuando te relacionas intensamente con la naturaleza tu parte divina se enaltece brindándote bienestar y paz interior.

Descálzate y pon tus pies sobre la tierra, el pasto, la arena o las piedras. Conéctate con el planeta.

Lunes • 30 Honra la semilla de la vida y prosperarás

Llena y decora creativamente un bonito frasco de vidrio transparente formando capas con doce tipos de diferentes semillas, como arroz, frijoles, garbanzos, maíz, lentejas, etc. Agrega tres rajas de canela, 5 monedas de chocolate, tres espigas de trigo y por último cubre con una fina capa de diamantina dorada. Colócalo en algún lugar visible de la cocina como símbolo de la abundancia y para que nunca falte el alimento en tu hogar.

Regala frascos de la abundancia a tus seres queridos

	marzo					
l	m	m	j	v	s	d
						1
2	3	4	5	6	7	8
9	10	11	12	13	14	15
16	17	18	19	20	21	22
23	24	25	26	27	28	29
30	31					

 68

Mantén la calma

Recuerda que frente a la peor confusión sólo tu paz interior puede sacarte a flote. Sonríe y respira profundamente, antes de hablar o reprobar la situación, analiza muy bien lo que tienes que decir, si en verdad tienes algo que expresar y como lo harás sin causar daño.

La Luna en Géminis en cuadratura con Marte y con Saturno te aconseja tomar las cosas con calma si salen a relucir asuntos ocultos relacionados con parientes y cuestiones de trabajo o salud.

Quien pretenda una felicidad y sabiduría constantes,
deberá acomodarse a frecuentes cambios.
Confucio

Ojo de Horus, Turco y ojos de Dios

Antiguamente se creía que debería desafiarse con la vista al agresor, luego se pensó que mejor había que distraer su atención atrayéndola hacia otra cosa. Finalmente se determinó que el "Mal de Ojo" se curaba o evitaba solamente a través de un... ojo. Los Ojos de Horus, Llamados Udjat o Udyat, símbolos del Sol y de la Luna son capaces de observar todo, proteger, contra la envidia, el robo, la violencia, la pobreza y la enfermedad, además de generar bienestar y otorgar la clarividencia necesaria para evitar los engaños y fraudes.

 florece

Las llaves de la prosperidad

Las Llaves de la Prosperidad

El poder creador de la prosperidad está donde se le quiera ver, pues todo ha sido originado de la misma manera. Así como el Universo, padre, es infinitamente vasto y la Tierra, madre, una fuente de abundancia, así mismo, es la esencia humana: infinitamente prospera y abundante. El entendimiento de nuestra naturaleza es la primera llave que abre el mundo de la prosperidad, de la riqueza y la abundancia.

- **Desapégate** de lo material. Da a cada cosa su importancia real, lo material va y vienen, nada permanece, todo se transforma.

- **Pide** y serás escuchado, en el Universo todos tenemos un padre proveedor y una madre protectora.

- **Da** con alegría, comparte, regala, presta a cada quien lo que necesite y pondrás a girar la rueda que traerá de vuelta lo que amorosamente das.

- **Paga** con gusto, suelta el dinero y déjalo fluir. La riqueza es como el agua de un río que pasa por nuestras manos para seguir recorriendo su camino; la prosperidad está en saber que el río siempre traerá más agua.

- **Piensa** positivamente, mantén pensamientos asertivos y creativos. Innova.

- **Trabaja** con alegría, con la confianza de que estás entregando tu mejor esfuerzo y obtendrás tu recompensa.

- **Rodéate** de símbolos de abundancia, lo que simboliza es.

abril

La prosperidad es la suma de bienes y bendiciones que recibes cuando pones en balance mente, cuerpo y alma con el universo mágico, el que responde si se le sabe pedir.

Este tiempo es de esfuerzo, atención y agradecimiento, es momento de procurar el bienestar propio y ajeno para lograr la estabilidad financiera.

Aquel que posee una familia, amor incondicional y tranquilidad emocional, es más rico que el que tiene millones en el banco. La alegría y amor que imprimas en tu trabajo, serán las alas que inspiren tu vuelo. Prospera.

prospera

Tú tienes la llave de la prosperidad

Elabora una lista con tus próximas metas y los pasos que debes seguir, lleva un control de tus acciones poniéndoles fecha de término, dale seguimiento a cada objetivo y asegúrate de cumplirlo. Todo lo que hagas conscientemente a partir de hoy hasta el día 9 de luna llena, definirá tu camino a la prosperidad. Cuando gastes dinero, piensa que lo inviertes, divide bien tus prioridades y el porcentaje que dedicas a cada rubro. No te olvides incluir la diversión como una inversión que se traducirá en alegría.

Lleva un control de tus metas utilizando esta guía cada día.

Jueves • 2 **Siembra monedas y cosecharás riqueza**

Luna creciente

Coloca en la entrada de tu hogar una maceta con una bella y frondosa planta en la que enterrarás 13 monedas de cualquier denominación para atraer la llegada del dinero. Si posees jardín mételas bajo la planta más floreada o entiérralas junto al árbol más grande. En casas en construcción se mezclan monedas en el cemento de los cimientos. Recuerda que todo es lo que simboliza y que todo posee su propia energía, atrae la del dinero y la prosperidad.

Las plantas llamada dólar y monedas también se relacionan con el dinero.

	abril					
l	m	m	j	v	s	d
		1	2	3	4	5
6	7	8	9	10	11	12
13	14	15	16	17	18	19
20	21	22	23	24	25	26
27	28	29	30			

Viernes · 3   La entrada de tu casa es la puerta de la prosperidad

Según el Feng Shui, la puerta de la entrada a un espacio es la boca por la que entra el Chi, la energía vital, que debe fluir adecuadamente porque representa las oportunidades. Para no bloquearla, debes quitar obstáculos de la entrada, retira paquetes, cajas, etc. Evita dejar en esta área cuentas y recibos por pagar, tampoco se deben colocar fotografías de personas fallecidas.

La puerta debe estar limpia, abrir y cerrar fácilmente y aceitada para que no rechine.

Sábado · 4   Multiplica tu dinero

Consigue o fabrica una cajita hecha de espejos por dentro, si es octagonal mejor, pues es la forma que genera el movimiento de la energía. La caja de espejos multiplica y da poder a lo que se guarda dentro: fotografías, dinero, joyas, objetos de poder, facturas por cobrar, billetes de lotería, talismanes, etc. Todo lo que se refleja se multiplica, nunca la dejes vacía. Recuerda que también puedes poner un pequeño espejo octagonal reflejando los billetes que tengas en tu cartera.

Lleva en tu bolso una pequeña malaquita o una pirita, piedras del dinero.

prospera

Domingo • 5

La prosperidad comienza en la cocina

Domingo de palmas

La cocina es el corazón del hogar, lugar donde se preparan los alimentos que nutren cuerpo y alma de la familia. Aprovecha las emanaciones de la luna creciente y reorganiza tu cocina, deja a la vista recipientes con arroz, frijoles, conservas, chiles secos, pasta, etc., la energía de los alimentos atrae abundancia y la sensación de que se tiene todo lo necesario. Enciende diariamente todas las hornillas de tu estufa, para activar la energía del fuego.

La Luna en Leo en la casa V te hace resplandecer y ¡jugar! Hoy sentirás que todo es más divertido y la aventura está en la puerta.

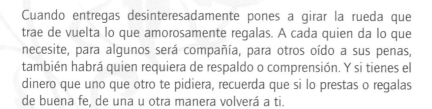

Para proteger tu casa, cuelga tu palma bendecida en la entrada.

Lunes • 6

Da para recibir

Cuando entregas desinteresadamente pones a girar la rueda que trae de vuelta lo que amorosamente regalas. A cada quien da lo que necesite, para algunos será compañía, para otros oído a sus penas, también habrá quien requiera de respaldo o comprensión. Y si tienes el dinero que uno que otro te pidiera, recuerda que si lo prestas o regalas de buena fe, de una u otra manera volverá a ti.

Lo que va hacia un lado regresará a otro con la misma fuerza y en su exacta dimensión.

abril						
l	m	m	j	v	s	d
		1	2	3	4	5
6	7	8	9	10	11	12
13	14	15	16	17	18	19
20	21	22	23	24	25	26
27	28	29	30			

Martes • 7   Paga con gusto y regresará a ti

Al pagar un bien o servicio repite mentalmente: "Que con este bien se haga mucho bien, que circule y regrese a mí". El dinero es como el agua de un río que debe pasar por nuestras manos y dejarlo correr, con la certeza de que su caudal traerá más y que así seguirá siendo porque ésa es su esencia. De tus ganancias ahorra un porcentaje, usa otro para favorecer a los que no tienen y sigue agradeciendo porque siempre tendrás.

Aleja de tu mente pensamientos de pobreza, aun en la situación más difícil confía en que lo que necesitas llegará.

Miércoles • 8   Cocina con amor

Cocinar se convierte en una delicia cuando lo haces fácilmente y con amor. En la cocina se conjuntan las energías de agua y fuego relacionadas con la creación. Para manejar un buen Feng Shui en casa, debes procurar que los utensilios de cocina estén en buen estado, será bueno que te deshagas de sartenes sin mango, cucharas rotas y platos despostillados. Los objetos en mal estado contagian su energía y la que salga de tu cocina tiene que ser de crecimiento y desarrollo.

Para generar buena energía, tu cocina siempre deberá estar limpia, sin platos sucios en el fregadero y sin basura acumulada.

prospera

Jueves • 9
Jueves Santo

Recuerda amorosamente

Luna llena 08:56
Venus retrógrado en la XII de Piscis, te pone sentimental recordando viejos amores.

La melancolía es un pensamiento de tristeza de muy baja vibración que entorpece la llegada de la buena fortuna y del amor. Si has de evocar amores del pasado, escoge los que te dejaron alegría. Tú eliges qué memoria revives, porque cuando recuerdas, inyectas vida a esa memoria. No te quedes atrapado en la trampa del dolor, cuesta exactamente el mismo trabajo sentirse triste o alegre, ésa es una decisión personal.

Mantén una actitud positiva, la luna llena de hoy potencia el estado de ánimo que manejas.

Viernes • 10
Viernes Santo

Guárdate en tu paz interior

Es probable que esta tarde llueva y el cielo se nuble, como ha sucedido siempre en el día de la crucifixión de Jesús. Según la Iglesia Católica, hoy es día de ayuno y abstinencia, en algunos lugares se vive el Via Crucis con una representación. Toma del maestro su mejor enseñanza: el amor incondicional y la fe en Dios. Busca dentro de ti y da salida a tus mejores sentimientos, exprésalos.

El ayuno y la abstinencia para todos los cultos es una forma de purificación.

abril						
l	m	m	j	v	s	d
		1	2	3	4	5
6	7	8	9	10	11	12
13	14	15	16	17	18	19
20	21	22	23	24	25	26
27	28	29	30			

Sábado • 11   Protégete con tu propia luz

Sábado Santo

Los días santos son lapsos de energía de pureza que bien canalizada se convierte en fuente de inspiración. Cuando necesites seguridad, piensa que una intensa y nacarada luz blanca entra por la coronilla de tu cabeza y se expande por todo tu cuerpo hasta salir de vuelta por los poros de tu piel. Envuélvete en esa luz, siente cómo forma una coraza impenetrable, protectora. En este universo, todos tenemos un padre protector.

Desperdiciar el agua tirándola no está permitido.

Domingo • 12   Renace en ti mismo

Domingo de Gloria

Cada día, al despertar, tienes la posibilidad de volver a nacer, de regresar a la vida con otro enfoque y con otra actitud. Tú eliges el espíritu que te acompaña cada mañana, en este domingo de resurrección haz que renazcan en ti la ilusión, el amor, la esperanza y la fe, abrázate a ellos y prodiga con actos de bondad tu amor por los otros.

El sol se renueva cada día. No cesará de ser eternamente nuevo

Heráclito

 prospera

Lunes • 13   Despega con alas propias

Es tiempo de vacaciones para algunos y de continuar trabajando para otros, pero en general es tiempo de sosiego, de pausa, de desaceleración. El reposo ha de servir para brindar un descanso a mente, cuerpo y alma, creando las condiciones que te permitan renovar fórmulas y lanzarte a novedosos proyectos. Recuerda que en este año todas las predicciones apuntan al éxito logrado a base de mucho esfuerzo, enfoque y disciplina.

Los milagros suceden cuando se alinean las fuerzas de la esperanza, el agradecimiento y la acción.

Martes • 14   Presta atención a tus impulsos

Si sientes la cosquillita de averiguar sobre ciertos temas, no te detengas. Hoy puede ser un magnífico día para inventar, crear o investigar. Haz caso a tus impulsos, busca en libros, habla con gente, investiga en la Internet. Recuerda que en este año sólo lo que se hace con esfuerzo será recompensado. No te duermas en tus laureles, pon manos a la obra y comienza a generar.

La Luna en Sagitario abre la imaginación en busca de la verdad.

Aprovecha este espacio y anota toda clase de ideas, una de ellas puede llevarte al éxito.

abril   2009

abril						
l	m	m	j	v	s	d
			1	2	3	4	5
6	7	8	9	10	11	12
13	14	15	16	17	18	19
20	21	22	23	24	25	26
27	28	29	30			

78

Miércoles • 15   Sé como quieras ser

Hoy puedes ser como Aries, el rápido, fogoso pensador; como Tauro, que analiza y luego decide cómo atesorar el lujo; como Géminis, la colorida mariposita que va de un lado a otro comunicando y divirtiendo; como Cáncer, celosa guardiana de su hogar y madre de la humanidad; puedes imitar al organizador, majestuoso, dador Leo; investigar y servir a muchos, como Virgo; ejercer la justicia de Libra; develar lo oculto, como Escorpión; flechar sueños de equidad como Sagitario; ejercer la sabiduría de Capricornio; revelar otro *new age* como Acuario, y crear poesía como Piscis.

No es lo que te pasa en la vida, es lo que haces al respecto.
W. Mitchell.

Jueves • 16   Crea tu propio destino

"Pesqué al vuelo la idea", "Andaba como flotando en el aire", "Soy tan feliz como una alondra", "Me siento burbujear". Todos los grandes como Jesús, Buda, Mahoma y Confucio, así como todos los libros sagrados utilizan el poder de "decir comparativamente" atrayendo inmediatas asociaciones con la realidad ¿Recuerdas al que le ordenaron convertirse en "pescador de hombres"? ¿Hubiera sido lo mismo si le hubieran mandado a reclutar adeptos? Lo que digas es ley, lo que afirmes es decreto y se cumple. Hoy y siempre tus deseos son órdenes.

Cuidando tus palabras decide nunca más repetir frases como "Su humilde casa" o "Qué fea amanecí hoy"

prospera

Viernes • 17 — Termina con lo que te molesta

La influencia de la luna menguante es de término, utilízala para finalizar proyectos, pero sobre todo para cancelar sentimientos negativos y malos hábitos que bloquean tu camino y no te dejan progresar: desidia, apatía, flojera y miedo, por mencionar algunos. Escudriña en tu mente buscando las características que más te dañan, ordénale deshacerse de lo que no necesita.

Tiempo ideal para terminar con romances desastrosos, malas influencias y abusos de autoridad.

Sábado • 18 — Busca la buena fortuna

Mercurio en Tauro en la casa I zodiacal. Excelente día para lograr una buena comunicación y comerciar en bienes raíces.

Dale una hojeada a tu agenda y llama a amigos con los que no has tenido comunicación últimamente, exprésate alegremente y bajo ninguna circunstancia te lamentes, la fortuna puede estar contigo y traerte un buen negocio, todo es cuestión de ir abriendo puertas. Si has perdido contacto con alguien y quieres saber de él, llámalo en tu mente, pronto tendrás noticias.

Mantente limpio y brillante, tú eres la ventana por la que ves el mundo.
George Bernard Shaw

abril · 2009

abril						
l	m	m	j	v	s	d
		1	2	3	4	5
6	7	8	9	10	11	12
13	14	15	16	17	18	19
20	21	22	23	24	25	26
27	28	29	30			

 80

Domingo · 19 Aprende a dominar tu mente

Hoy toma el control sobre el funcionamiento de tu mente, pues si no lo haces quedas a merced de todo lo que suceda a tu alrededor. Practícalo constantemente, sin importar cuán cansado, apurado y hasta asustado te encuentres, si dominas tu estado de ánimo en forma instantánea, el poder adquirido será inmenso. Identifica ahora mismo una situación adversa o difícil donde triunfaste. Recuerda lo que hiciste para llegar al éxito y repítelo. Hazlo una y otra vez hasta que la respuesta sea instantánea.

La gente es tan feliz como lo quiere ser.
Abraham Lincoln.

Lunes · 20 Dale nuevo impulso a tu vida

Si estás aburrido, cansado del mismo trabajo o ya no encuentras retos en nuevos proyectos, cambia tu estado de ánimo y cambiarás la percepción del momento. Haz una lista de cuando menos veinte cosas que te proporcionen placer, por ejemplo: contemplar el mar; tomar un baño caliente, ver una película de horror, de risa loca o de enternecedoras lágrimas. Corre, ve al gimnasio o a la estética para embellecerte, practica tu afición favorita, y si no tienes una, comiénzala inmediatamente.

El movimiento genera más movimiento, si quieres que las cosas sucedan, muévete.

prospera

Martes • 21 — Responde alegremente ¡Estoy muy bien!

Haz que tu sentimiento para hoy sea: amoroso, motivado, bonita, guapo, muy bien, astuto, inteligente, estimulada, apasionado, impulsado, invencible, en la cima del mundo, explosivo y brillante, burbujeante, confiado en mi poder, extasiado ante lo que he logrado, estupendo, intenso, muy interesado, confiado en el aprendizaje, soy querido, estoy amoroso, me siento fabuloso, maravilloso, voy como el rayo a toda velocidad, soy monumental, digno de confianza, creador. En fin, no puedo estar mejor, aunque trataré.

Se me ha dado tanto que no tengo tiempo de pensar en lo que me ha sido negado.
Hellen Keller.

Miércoles • 22 — Desarrolla tus capacidades

Consigue un entrenador personal que te ayude a potenciar tus habilidades, se trata de encontrar algo o alguien que te enseñe lo que te interesa. "Capacitador" le dicen ahora. Pueden abrirte todo un mundo de estrategias y a descubrir habilidades que sabías que tenías pero no te habías dado cuenta. Decide capacitarte para el éxito, para la armonía, para repartir felicidad y lograr lo que realmente quieres en la vida.

No existe tal excusa como la falta de dinero o tiempo, el que quiere puede.

abril 2009

abril

l	m	m	j	v	s	d
		1	2	3	4	5
6	7	8	9	10	11	12
13	14	15	16	17	18	19
20	21	22	23	24	25	26
27	28	29	30			

 82

Jueves • 23   Expresa más diciendo menos

Tiempo de dejar atrás el miedo a no ser entendido o considerado, estos sentimientos bloquean la prosperidad. Exprésate libremente pero no exhibas demasiada obstinación. La palabra se conquista.

Pedid, y se os dará; buscad, y hallaréis; llamad, y se os abrirá. Porque todo aquel que pide, recibe; y el que busca, halla; y al que llama, se le abrirá.
San Mateo 7

El Sol y Mercurio en Tauro, en la casa I, te dan una increíble fuerza y persistencia para sustentar lo que dices.

Viernes • 24   Comienza desde cero

Luna nueva

Vuelve a encender motores todas las veces que sea necesario, esta Luna es ideal para iniciar desde cero. Elige una tarea, medita qué pasos debes dar para llevarla al éxito. Transmuta lo que ha sido en lo que será, enciende una veladora morada y con toda intención visualiza el éxito conseguido. Tu destino es progresar, el primer paso es desearlo, el segundo planearlo y el tercero actuar en consecuencia.

Programa una amatista, piedra de la transmutación, con la fuerza de tu pensamiento.

prospera

Sábado · 25   Muévete y serás más fuerte

La energía se genera con el movimiento. Camina en lugar de estar de pie. Párate en lugar de estar sentado. Lo que no se usa se pierde, se desgasta. Movilizándote generarás un mejor tono muscular y calidad en tus huesos. Entra en acción, deja la inercia de la silla, sube escaleras, camina en lugar de usar el coche, mantén los músculos apretados. La gente activa se ve mejor y se siente mejor.

La actividad física ofrece mejores resultados si es acompañada de una dieta sana.

Domingo · 26   Mímate y relajate

¿Te has dado cuenta que la mayoría de tus esfuerzos y cuidados están destinados a hacer sentir bien a otras personas? Esto es fantástico y anota un punto a tu favor, pero, es tiempo para que tú también procures actividades que te traigan paz y felicidad. Aprovecha el día y pasa más tiempo en la cama, date un tratamiento de belleza, toma un masaje relajante o sal con la familia. Libérate de culpas y concédete una merecida recompensa en señal del amor que sientes por ti mismo.

Toma un largo baño armonizador rodeado de exquisitos aromas y luz de velas.

abril 2009

abril						
l	m	m	j	v	s	d
		1	2	3	4	5
6	7	8	9	10	11	12
13	14	15	16	17	18	19
20	21	22	23	24	25	26
27	28	29	30			

 84

Lunes · 27 — Crea armonía y repártela

Cuando estás en paz creas armonía, la sensación de que todo está bien y se pondrá mejor. Esparce tu confianza, tu serenidad, tu amor y aceptación a los demás. Así forjarás un mundo de bendiciones que regresarán a ti brindándote la misma seguridad que estás generando.

Marte en su signo Aries, prende focos rojos. Hay que ejercer autodominio en las emociones y no exponerse a peligros.

Un hombre no trata de verse en el agua que corre, sino en el agua tranquila, porque solamente lo que en sí es tranquilo puede dar tranquilidad a otros.

Confucio

Martes · 28 — Contagia tu hogar de alegría

Decora los diferentes espacios de tu casa y oficina con platones de naranjas cubiertas con clavos de olor encajados sobre su cáscara. La mezcla de los aceites cítricos y el clavo desprende un aroma exquisito que atrae frescura y alegría. Conserva las naranjas hasta que empiecen a secarse y cámbialas por otras nuevas. Las frutas además de aromatizar, aportan energía revitalizando los ambientes. La gente feliz es gente próspera.

Aleja moscas y mosquitos al tiempo que añades un rico aroma a tu casa, colocando clavos de olor en pequeños recipientes.

 prospera

Miércoles • 29   **Irradia luz**

Las malas energías tienden a estancarse en lugares oscuros y poco aireados. Ilumina todo lo que puedas y tanto como puedas sin que te resulte molesto. Pon especial atención a la alacena donde guardas la comida, ilumina para que su energía resplandezca y active la llegada de la abundancia. Cambia focos fundidos en la cocina y de preferencia ten alimentos a la vista como frutas y verduras.

Naranjas y limones atraen alegría.

Jueves • 30   **Libera al niño que vive en ti**
Día del Niño

Recupera tus mejores recuerdos de la infancia y agradece por ellos. Busca la manera de celebrar a los niños con alegría, obsequia algo que les traiga felicidad como dulces o libros para colorear. Recuerda tu propia niñez y la ilusión con que esperabas que algo especial sucediera en este día. **¡Feliz Día del Niño!**

Luna en Cáncer: infunde amor hacia la familia y las mujeres que te nutren. Propicia el sentimiento de pertenencia al hogar y la patria.

Aprovecha y libera a tu niño interior, el que sigue sintiendo ilusión, el que tiene energía de sobra para jugar.

abril

l	m	m	j	v	s	d
		1	2	3	4	5
6	7	8	9	10	11	12
13	14	15	16	17	18	19
20	21	22	23	24	25	26
27	28	29	30			

mayo

Entramos al quinto mes del año con la conciencia de haber empezado a proyectar nuestros anhelos, de amar a plenitud lo que hacemos, de sembrar y cosechar nuestros triunfos y con ellos conseguir prosperidad. La esencia ahora es de agradecimiento, de corresponder con gratitud hacia todo y hacia todos.

La gratitud es una actitud y un estado mental que se refleja en armonía espiritual y se expresa con actos bondadosos. Haz del agradecimiento un estilo de vida, practícalo en todo momento hasta que se convierta en un reflejo natural.

agradece

Cuando agradecemos genuinamente, aseguramos que de la fuente siga brotando.

Viernes • 1

Agradece los beneficios recibidos por tu trabajo

Luna creciente

Si tienes el trabajo de tus sueños y eres muy feliz desempeñando tu labor, estás bendecido de entrada, pero aun para quien no encuentra la alegría en lo que hace, el sólo hecho de ser capaz de trabajar y recibir una retribución, es motivo suficiente para agradecer. El trabajo es un derecho al que todos debemos acceder, realizarlo con alegría mandará señales de bienestar atrayendo la buena fortuna. Prende una veladora verde de la prosperidad.

Yo no hice nada por accidente, ni tampoco fueron así mis invenciones; ellas vinieron por el trabajo.
Thomas Alva Edison

Sábado • 2

Construye la vida que deseas

Festejo de los trabajadores de la construcción. ¿Sabes realmente qué quieres y a dónde vas? Analiza tu presente y las acciones que has tomado para estar en este punto. Reorganiza tus prioridades para que cada movimiento te ayude a construir la vida que deseas, esa famosa frase que dice que tú eres el arquitecto de tu propio destino es muy cierta, pero recuerda que antes de levantar paredes hay que echar muy buenos cimientos.

Antes de poner los cimientos, debes escarbar y sacar todo lo que estorba.

mayo 2009

| **mayo** | | | | | | |
l	m	m	j	v	s	d
				1	2	3
4	5	6	7	8	9	10
11	12	13	14	15	16	17
18	19	20	21	22	23	24
25	26	27	28	29	30	31

 88

Domingo • 3 Agradece cada noche y recibirás bendiciones

Ésta es la fórmula infalible para salir de una depresión o desprenderse de estados de ánimo alterados como: enojo con la vida, sensación de ser víctima de un complot y baja autoestima entre otros. A partir de hoy, cada noche, antes de dormir, elige diez cosas distintas por las que debas agradecer: familia, trabajo, dinero, amor, vida, salud y más. Te sorprenderá la cantidad de cosas buenas que has recibido y lo rápido que te llega la paz interior, entonces te sentirás muy bien.

Cada vez que agradeces, el universo mágico te manda más.

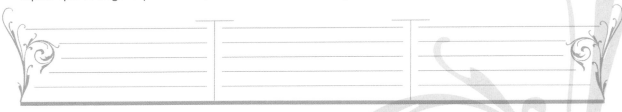

Lunes • 4 Arranca la semana con emoción

El Sol en Tauro te puede llevar hoy entre la seriedad y la diversión, aventuras y juego. Saturno opuesto a Urano en conjunción con la Luna te da permiso pero con ciertas restricciones, algo así como: "puedes ir a la fiesta si vas con fulanito y regresas a tal hora". Este aspecto astrológico es favorable para hablar con los hijos de temas serios y aprovechar para transmitirles reglas, normas y valores tradicionales.

También es tiempo de abrir la mente a nuevas formas y estilos de vida.

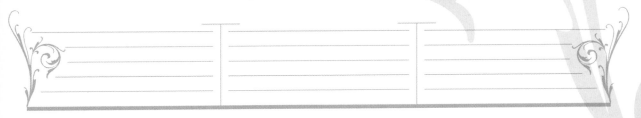

agradece

Martes • 5   Agradece el apoyo de tus amigos

Aniv. Batalla de Puebla
(1862)

Busca a los amigos que han estado contigo en las buenas y en las malas, a todos aquellos que te han brindado su cariño y su tiempo. Llámalos para decirles: "Te quiero y me acuerdo de ti". Los buenos amigos pueden pasar años viviendo cada quien su vida, pero cuando se necesitan o desean compartir un éxito, están uno para el otro. Los buenos amigos siempre serán amigos.

Amigos son los que en la prosperidad acuden al ser llamados, y en la adversidad, sin llamarles.
Demetrio I

Miércoles • 6   Genera más amor, honrando el que has recibido

Rescata los mejores momentos de amores pasados agradeciendo lo bueno que de ellos recibiste, no importa qué tan desastroso fuera el final, te aseguro que el inicio fue increíblemente emocionante. En adelante comprende que cada persona viene a compartir algo e idealmente debes dejarla ir armoniosamente. La energía amorosa positiva que se guarda en buenos recuerdos atrae más de lo mismo.

Habla sólo las cosas buenas de amores pasados, trata como te gustaría ser tratado.

mayo						
l	m	m	j	v	s	d
				1	2	3
4	5	6	7	8	9	10
11	12	13	14	15	16	17
18	19	20	21	22	23	24
25	26	27	28	29	30	31

Jueves • 7 — Prepara el regalo de mamá

Es tiempo de buscar todos los ingredientes para el super regalo que le darás a mamá: un mosaico de amor. En un bastidor de madera o cartulina firme, coloca fotografías que reflejen momentos importantes en diferentes etapas de tu vida al lado de tu madre, si va acompañado de anotaciones con tus recuerdos, mejor. Pega también cartitas, dibujos y todo aquello que tenga un simbolismo especial. Sorpréndela colgándolo en una pared de su habitación.

Honra a mamá todos los días y entiende que para ella siempre serás su bebé.

Viernes • 8 — Enaltece tu yo interior

Iluminación de Buda

La de hoy, también llamada luna llena de Buda, es mágica, se celebra su cumpleaños e iluminación. Entre los preceptos ordenanzas y enseñanzas del Buda están: No dañar seres vivos, no mentir ni chismosear, no tomar lo que no te es dado, no mantener conductas impropias, no consumir sustancias tóxicas. Esta noche será mágica, todo lo que hagas, pienses o digas tendrá más intensidad, manda tus deseos al infinito en total concentración.

Luna llena (22:01)

Prende un veladora morada para transformar todo lo que ya no quieres en lo que sí deseas.

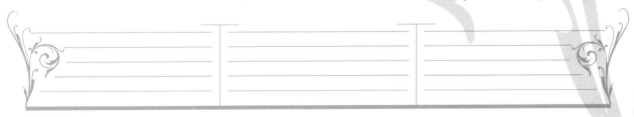

agradece

Sábado • 9   Manéjate con serenidad y aplomo

Estos tránsitos zodiacales pueden afectar nuestras relaciones personales y románticas, practica tu positivismo y tu comprensión, no des a las cosas una importancia que no tienen. Hoy debes utilizar todos tus poderes de meditación para lograr el equilibrio con los demás. No trates de defenderte, fluye.

Aprende a decidir qué batallas luchas y no te desgastes en pequeños fuegos.

El Sol y la Luna en cuadratura con Júpiter. Venus con Plutón y Mercurio con Neptuno y Júpiter, además, el Sol que significa la fuerza masculina, está en oposición a la femenina Luna. Hoy existe una gran rebelión contra la autoridad y lo establecido. Cuidadito.

Domingo • 10   Celebra el Día de las Madres

Día de las Madres

Toma este día como un símbolo del reconocimiento eterno a la madre, presencia de Dios a nuestro lado, abrigo, apoyo y amor incondicional. Si tienes a tu mamá, contigo demuéstrale todos los días tu cariño, si eres madre, estás bendecida por siempre. Ofrece hoy -y siempre- a tu mamá el esparcimiento que ella desea, no el que a ti te gustaría, seguro que prefiere no lavar los platos ni cocinar en este día y que agradecería más una crema hidratante que un sartén y, sobre todo, preferiría que la visitaran siempre y no sólo en 10 de mayo.

Regalar dinero a mamá siempre es buena idea.

mayo						
l	m	m	j	v	s	d
				1	2	3
4	5	6	7	8	9	10
11	12	13	14	15	16	17
18	19	20	21	22	23	24
25	26	27	28	29	30	31

Lunes • 11   Esfuérzate menos y consigue más

Este Año del Búfalo sólo quienes se esfuercen alcanzarán el éxito, definamos esfuerzo como la intención y enfoque al hacer algo y no precisamente trabajar hasta extenuarnos y terminar débiles y sudorosos. Simplificar tu vida es la regla de oro para vivir bien, dedícate en cuerpo y alma a cada tarea, pero busca la forma de hacerla eficientemente. Ponte horarios, cambia la ubicación de tus utensilios de trabajo, haz de cada acción algo sencillo ahorrando tiempo y energía.

Busca nuevos métodos en diferentes áreas de tu vida, la idea es optimizar y saber dónde aplicar toda la fuerza.

Martes • 12   Moldéate un cuerpo envidiable

Sin afán de menosprecio ni crítica, analiza qué partes de tu cuerpo se podrían corregir y comienza un régimen de ejercicios y alimentación. Por supuesto que tú también puedes mejorar tu apariencia notablemente, pero ésta es una decisión tuya y sólo tú puedes lograr el cambio. Recuerda mantener los músculos apretados en todo momento, pues además de ayudarte a tonificarlos te darán estructura. Disminuye el consumo de grasas y carbohidratos.

Si empiezas hoy, en tres semanas verás resultados.

agradece

Miércoles • 13 Libérate de la desaprobación ajena

Aprovecha el tiempo que pasas tratando de quedar bien con los otros, en quererte más a ti mismo, en regalarte lo que más te gusta, en abrazar tu individualidad... eso que te hace único. Deja de querer agradar a los demás; cuando te amas a ti mismo, cuando te gustas y te caes bien, los otros no pueden resistirse y caen ante tus pies. A final de cuentas sólo tú sabes quién eres y cuánto vales.

Tu luz es tu mejor carta de presentación.

Jueves • 14 Inspírate con la vegetación

Todo lo que tienes dentro de tu casa influye en el ambiente del hogar, en las emociones y en el desplazamiento de la energía vital. Según el Feng Shui, las plantas ideales deben tener las hojas redondeadas que no interfieren con su flujo, ya que las hojas puntiagudas lo cortan generando mala vibra o apatía. Recuerda colocar macetas con plantas en pares para atraer el amor de pareja y en grupos para la unión familiar. Una sola planta simboliza soledad.

Siempre elige plantas vivas, las plantas de imitación no generan energía.

mayo						
l	m	m	j	v	s	d
				1	2	3
4	5	6	7	8	9	10
11	12	13	14	15	16	17
18	19	20	21	22	23	24
25	26	27	28	29	30	31

Viernes • 15   Recuerda a tus maestros

Día del Maestro

Al estricto, al cariñoso, al chistoso y hasta aquel que tanto aborrecías. Cada uno de los maestros de tu vida han forjado una parte de ese maravilloso ser que hay en ti. Habrá otros que sin ser profesores, te han dado grandes lecciones de vida. En la vida encontrarás muchos maestros. Presta oído y atención, no dejes que su sabiduría se desperdicie sin tomar nada para ti.

El maestro llega cuando el alumno está listo.

Sábado • 16   Ayuda al planeta

El calentamiento global no es responsabilidad única de las grandes potencias mundiales, es nuestro deber vigilar que busquen nuevas fórmulas para generar energía sin dañar al planeta, pero también debemos colaborar con nuestros actos en favor de la Tierra. Desconecta aparatos eléctricos que no uses (incluido el cargador del celular), mantén la computadora apagada si no la estás utilizando, cuida que tu automóvil no contamine. Recicla.

Únete a un grupo ambientalista, interésate por la salud del planeta.

agradece

Domingo • 17 Quema la grasa que te sobra

Luna menguante

Usa las escaleras en lugar del elevador, camina sobre las puntas de tus pies, mientras veas televisión haz flexiones, abdominales y gira tus brazos dando brazadas como si estuvieras nadando. Las dos fórmulas para bajar de peso se llaman: actividad y alimentación. A más actividad corporal mayor cantidad de grasa quemada, así que cada vez que te dé flojera moverte piensa en la lonja que podrías desaparecer.

Acostúmbrate a mantener el abdomen apretado en todo momento.

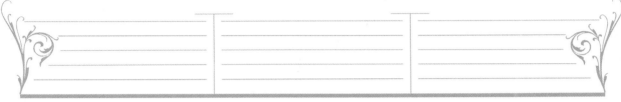

Lunes • 18 Triunfa en tu profesión

Éste es el día en que todo estará puesto para que triunfes en los negocios, enseñanza, leyes e inventos, también para tomar decisiones y crecer con ideas novedosas e imaginativas. Si no tienes un plan, invéntalo, si no tienes una invitación, sal de cualquier manera. Tal vez hoy es tu día, sal y averígualo.

El Sol en Tauro, en conjunción exacta con su planeta Marte te da toda la fuerza que necesites pero también irreprimibles impulsos guerreros. Fluye con las situaciones.

Un minuto que pasa es irrecuperable. Conociendo esto, ¿cómo podemos malgastar tantas horas?
Mahatma Gandhi

l	m	m	j	v	s	d
				1	2	3
4	5	6	7	8	9	10
11	12	13	14	15	16	17
18	19	20	21	22	23	24
25	26	27	28	29	30	31

mayo

Martes • 19 — Cuida tus palabras

Cada vez que hablas, invocas, decretas, construyes. Pregúntate entonces qué estás atrayendo con tu voz. ¿Te expresas positiva o negativamente? ¿Te lamentas y maldices? o ¿agradeces y afirmas cualidades? Todo lo que sale de boca lleva una convocatoria aunque no estés consciente de lo que estás propiciando. Que lo que salga de tu boca te ayude a erigir un mundo de prosperidad, abundancia y amor.

Si no tienes algo bueno que decir de alguien, mejor no digas nada.

Miércoles • 20 — Escucha a tu cuerpo

El cuerpo es el empaque del alma y de la mente, cuida el tuyo porque es la posesión más preciada que tienes. Presta atención a sus reacciones, si te enfermas mucho o estás cansado constantemente, puede ser el reflejo de algún desorden en emociones o pensamientos. El ambiente que nos rodea también repercute en nosotros, entonces, procúrate lo que te haga sentir bien. Cuerpo sano en mente sana.

Todo influye en todo, pero tú tienes el poder de cambiar tu circunstancia, decide sentirte bien.

agradece

Jueves • 21   Da orden a tu vida

Evita desordenes emocionales en tu vida. Sí, tú tienes el poder de regular tus sentimientos como si fueras un termómetro, decide sentir felicidad en lugar de tristeza, y fe en lugar de desesperanza. Ponle prioridad a tus metas y ordénalas según su importancia, trabaja en ti mismo y en tus objetivos con enfoque y disciplina, verás que desde el primer día comienzas a ver resultados. Conforme consigas tus deseos podrás mover tus prioridades.

Anota tres objetivos a corto plazo y otros tres a largo plazo. Al término del lapso califica tus resultados.

Viernes • 22   Entrega tu preocupación al Ser Supremo

Cuando sientas que una angustia te está rebasando y se sale de tu control, recurre al que nunca falla. Sea cual sea su nombre, estamos hablando de la misma fuerza y es allí a donde tienes que acudir, cualquiera que sea tu pesar, entrégalo a Dios diciéndole abiertamente que se lo dejas para que te ayude a resolverlo porque humildemente tú no puedes...La tranquilidad que comenzarás a sentir es inmediata.

Haz esta frase tuya: Si Dios conmigo, nadie contra mí.

mayo

l	m	m	j	v	s	d
				1	2	3
4	5	6	7	8	9	10
11	12	13	14	15	16	17
18	19	20	21	22	23	24
25	26	27	28	29	30	31

Sábado • 23   Bebe té verde

Del Oriente para el mundo llego el té verde, una bebida milagrosa que mantiene el cuerpo en excelente estado. Los estudios indican que consumiéndolo diariamente puedes bajar de peso, revitalizarte, mejorar la circulación y la calidad de tus dientes y encías. Es muy recomendable para quienes convalecen de una larga enfermedad o intervención quirúrgica, para bajar de peso bebe dos tazas diariamente. Ojo: contiene cafeína.

Siempre sé una primera versión tuya, en lugar de una segunda versión de alguien más.
Judy Garland

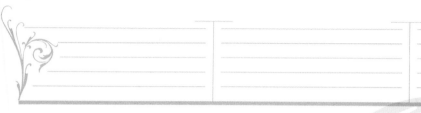

Domingo • 24   Comienza la dieta de la luna

A partir de las 06:11 de esta mañana no consumas ningún alimento sólido, toma únicamente líquidos naturales: agua, jugos colados, tés, caldo de verduras. No bebas jugos enlatados, refrescos, leche, café instantáneo, caldo de pollo o yogurt. Termina la dieta a las ocho de la mañana del lunes 25 y podrás perder de dos a tres kilos de peso. La dieta debe durar 26 horas, al término come ligeramente para reincorporarte a tu comida normal.

Luna nueva

Más información sobre esta dieta en el apartado Lunaciones.

agradece

Lunes • 25 — Consulta contigo mismo antes de decidir

No olvides utilizar tu mejor herramienta en la toma de decisiones. Escucha atentamente a tu intuición que nunca falla y se presenta como una sensación extraña que únicamente es identificable por quien la siente.

Escúchate, tus sensaciones hablan.

Un alegre Sol geminiano en trino con el Nodo Norte del destino, te invita a estudiar más, de ser posible en el extranjero o tal vez a encontrar una persona de otro país para tener una relación profunda. La Luna, junto al Sol, te inclina a pensarlo muy bien, pues en la patria y el hogar está tu servicio a los demás.

Martes • 26 — Confía en que tus peticiones son escuchadas

Cada vez que piensas, oras y pides algo, el Universo está alineando tus deseos con la fuerza correspondiente. Aun cuando no veas el resultado inmediato, ten confianza en que si no es eso que estás deseando, es porque algo aún mejor está por llegar. Cuando desees con intención, suéltalo al éter con la certeza de que lo recibirás, agradece por anticipado, despierta cada día con la seguridad del bien por llegar.

Invariablemente a una acción positiva sigue una reacción provechosa.

		mayo				
l	m	m	j	v	s	d
				1	2	3
4	5	6	7	8	9	10
11	12	13	14	15	16	17
18	19	20	21	22	23	24
25	26	27	28	29	30	31

Miércoles · 27   Dale sentido a este día

Justo a la mitad de la semana el miércoles resulta un día comodín, no es el principio ni el final. Tú tienes la capacidad de hacer que cada día cuente: toma una decisión importante, comienza una nueva etapa, expresa tus sentimientos, haz un favor, aprende algo nuevo, trata un poco más, ama intensamente, disfruta al máximo, aprecia lo bello de la vida, regala, agradece. Aprovecha esta oportunidad de ser lo quieres ser.

Trasciende cada día, llega hasta donde quieras llegar. Dale intención a tu vida.

Jueves · 28   Revístete de luz

Si te sientes inseguro y el miedo es tu compañero inseparable, es tiempo de blindarte por dentro para estar protegido por fuera. Decide tomar a la esperanza como compañera eterna, pues quien tiene fe, tiene futuro, confía en Dios, en el orden universal y en tu poder personal. La Tierra, madre fértil, cuida de todos sus hijos, el Universo, padre proveedor, los protege. Estás bien cobijado, suelta y cree.

Si caminas con fe y tus pensamientos son positivos, nada ni nadie podrá dañarte.

 agradece

Viernes • 29   Manda un mensaje de amor

Si quieres sanar las emociones de alguien que está a distancia o deseas arreglar alguna pelea con el ser querido, busca un momento tranquilo y coloca la imagen de esa persona especial en tu mente. Repite en silencio su nombre y el mensaje que quieres ofrecerle. Nuestros pensamientos son como las señales de radio que viajan enormes distancias hasta llegar a su destinatario, un mensaje claro y positivo sacudirá por dentro al receptor y lo hará reaccionar.

Revive en el otro recuerdos de amor, recrea en tu mente algún momento especial y envía la imagen al universo. Pronto sabrás de esa persona.

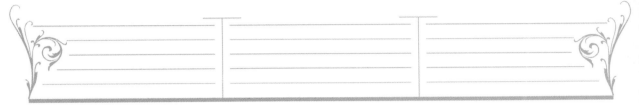

Sábado • 30   Acepta la luz

Si en algún momento te caes, te deprimes, te sientes abandonado o que las cosas buenas no te suceden, abre bien tus ojos, porque la luz que estás buscando llega a ti de innumerables maneras y tal vez no la estás viendo. Cada vez que alguien te demuestra amor o solidaridad, cuando tienes una buena idea, cuando contactas con el mundo y aprecias lo que percibes, estás recibiendo y proyectando esa luz. A veces nos aferramos a determinadas cosas y al no llegar cerramos el entendimiento a todo lo demás. Pon atención y verás que lo que recibes es aun mejor que lo que esperabas.

La esperanza es un empréstito que se le hace a la felicidad
Antoine de Rivarol

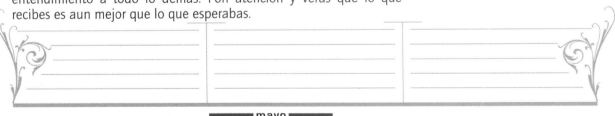

mayo   2009

l	m	m	j	v	s	d
				1	2	3
4	5	6	7	8	9	10
11	12	13	14	15	16	17
18	19	20	21	22	23	24
25	26	27	28	29	30	31

mayo

 102

Siempre hay algún motivo para dar gracias, el agradecimiento trae como consecuencia la satisfacción. Hasta los peores eventos ofrecen una gran lección, que aunque momentáneamente uno no entienda, tarde o temprano se habrá de agradecer. Tú tienes el poder de elegir, elige ser feliz, sonríe, vive la vida con alegría, agradece con el alma y el corazón, conmuévete ante lo bello y da con los brazos abiertos.

La gente buena, si se piensa un poco en ello, ha sido siempre gente alegre.
Ernest Hemingway

Tetragramaton

Es un talismán de protección total. Puesto en la puerta de una casa, con la punta superior de la estrella siempre hacia arriba impide el paso a vibraciones negativas. Si se lleva junto al cuerpo protege de malas intenciones y atrae la buena fortuna. Para los cristianos de la edad media significaba las cinco heridas de Cristo. Representa también las proporciones del cuerpo humano. En antiguos textos alquímicos, simbolizaba la creación de la luz, en otros. El Pentagrama significa la dominación del espíritu humano sobre la naturaleza.

agradece

Inspiración en armonía

Un armonizador es un filtro de la energía vital que recibimos del Universo, de los objetos y de los seres vivos, incluidos nosotros los humanos. Su función es dispersar o transformar las vibraciones nocivas en energía positiva y revitalizante. Muchos armonizadores son producto de la naturaleza, otros más son el resultado de estudios metafísicos y científicos.

Los colores que nos rodean afectan nuestro estado de ánimo, para armonizar espacios conflictivos pinta las paredes en tonos claros de rosa, amarillo, beige y verde pistache. En la ropa y accesorios producen el mismo efecto.

Los aceites, esencias y fragancias son reconocidos ancestralmente por sus propiedades en mente, cuerpo y alma. La manzanilla, el espliego, la rosa y la lavanda, tranquilizan. Menta, hierbabuena y cítricos, depuran y refrescan. Jazmín, lirios, violetas y vainilla, producen paz y desvanecen miedos.

Ciertos sonidos ayudan a eliminar vibraciones negativas: campanas -especialmente la tibetana-, cuencos de metal y de cuarzo que producen penetrantes notas, diapasones, címbalos, espanta espíritus. Música clásica ligera o ambiental y hasta el canto de los pajaritos armonizan y alegran.

Plantas y flores naturales, fuentes de agua y figuras de ángeles, purifican cinco metros a la redonda.

La armonía nada busca fuera de sí misma.
Es lo que debe ser: expresa el bien, el orden, la ley
y la verdad; es superior al tiempo y representa lo eterno.

Henri Frédéric Amiel

Inspiración en armonía

junio

armoniza

Logra fluir en cualquier ambiente, toma las cosas con filosofía, imprime un sello propio, fusiona energías, vive con alegría. Junio es tu gran oportunidad de emerger a la vida con un nuevo enfoque, en el que puedas armonizarte con todo lo que te rodea para elevar tu nivel vibracional, tu energía física y tu poder mental.

Sírvete de filosofías y doctrinas como el Feng Shui, del conocimiento de nuestros ancestros y de los grandes sabios, para elevar tu vibración y aprender a fluir. Aquel que logra armonía en su vida, consigue el poder transformador que se traduce en éxito, amor, salud y felicidad. Ejercítate diariamente, medita, agradece, ama. Armoniza.

Lunes • 1   Armoniza tu espacio y armonizarás tu vida

Reacomoda, reorganiza, redecora. Simples movimientos de los objetos que te rodean ayudarán a facilitar tus actividades, haciendo más eficiente tu vida, permitiendo que tu energía fluya suavemente integrándote al gran plano. Usa tu imaginación y deja que tu sexto sentido te guíe, coloca los muebles en forma lógica, buscando no estorbar los caminos, pero sobre todo de manera que tu casa sea amigable para que todos se sientan a gusto en ella.

Tus muebles deben ser funcionales, pero sobre todo te deben gustar mucho.

Martes • 2   Perfuma el ambiente con esencias vivas

Rejuvenece la energía de tu hogar con simples detalles que moderan las vibraciones sutiles. Hierve en un litro de agua con limones, naranjas y rajas de canela. Deja frutas y especias al fuego lento para que su aroma constante salga de la cocina armonizando el ambiente; con mucho cuidado lleva la ollita por toda tu casa, permite que el olor que despide impregne tu hogar clarificando los espacios, inyectándoles nueva vida y frescura. Los cítricos vivifican y la canela revitaliza.

También puedes utilizar un difusor con algunas gotas de aceites esenciales de naranja, canela, vainilla o menta.

junio   2009

| **junio** | | | | | | |
l	m	m	j	v	s	d
1	2	3	4	5	6	7
8	9	10	11	12	13	14
15	16	17	18	19	20	21
22	23	24	25	26	27	28
29	30					

 106

Miércoles • 3   Expresa tus sentimientos profundos

Éste es un buen día para hablar de temas importantes, de asuntos del corazón y de pensamientos profundos. Ábrete y comparte lo que te duele, te gusta y te preocupa, te sorprenderá el apoyo y compañerismo que puedes recibir.

Aprovecha este tránsito para reconocer quién eres y para que los demás te entiendan.

La Luna en trino con la conjunción exacta de Júpiter, Neptuno y Kirón, te conecta con tus sentimientos verdaderos para que los transmitas con amor. Hoy, el corazón está abierto a la verdad, a las ideas de justicia y a sanar al niño interno.

Jueves • 4   Enciende velas moradas

El morado es un color con vastas aplicaciones terapéuticas y de uso benéfico en cuestiones de energía. El morado conjunta lo templado del azul y lo candente del rojo logrando una armonía perfecta que se traduce en cambio y mejoría: transmutación. En color su piedra es la amatista y posee las mismas cualidades, en la ropa significa confianza y poder. Si sientes que ciertos espacios están cargados de mala vibra, prende una veladora morada y déjala arder 15 minutos diariamente, también se utiliza después de una depuración energética del hogar dejándola consumirse.

El morado es un acelerador, prueba poniendo tus frutas verdes en papel morado y verás lo rápido que maduran.

armoniza

Viernes • 5 — Alinéate con el planeta

Día Mundial del Medio Ambiente

Tú que eres sensible y te compadeces ante las penas ajenas, ¿te has puesto a pensar en qué forma estás colaborando para el bienestar del planeta? Este es un buen momento para cooperar con la Tierra, comienza por separar la basura en orgánica e inorgánica, el único esfuerzo extra que te exige, será colocar dos botes en lugar de uno y tirar los desperdicios separándolos. Repara goteras, no tires basura, recoge los desperdicios de tu perro. Pequeñas acciones traen grandes beneficios.

Adopta un árbol, las autoridades locales y grupos ecológicos siempre tienen programas de reforestación.

Sábado • 6 — Coloca un helecho en la entrada

Todas las plantas tienen determinadas cualidades que bien aprovechadas pueden ayudar a armonizar nuestra vida. El helecho posee la característica de recoger la vibración negativa y transformarla en positiva, colocado en la entrada favorece la transmutación de la energía de las personas y de la que entra de la calle, digamos que se convierte en un filtro que recibe el primer golpe energético y lo transforma. Ideal para armonizar casas, oficinas y locales comerciales.

El ojo turco o de Dios, colgado de la puerta alejará malas intenciones.

junio						
l	m	m	j	v	s	d
1	2	3	4	5	6	7
8	9	10	11	12	13	14
15	16	17	18	19	20	21
22	23	24	25	26	27	28
29	30					

Domingo • 7   Aplica límites

Te das cuenta de la cantidad de veces que has dicho que sí cuando realmente no querías hacerlo, que has pasado mucho tiempo compartiendo con gente que no te agrada, que has ido a lugares donde no querías estar y todo por no poner límites. Decide qué y cuánto haces, es tiempo de poner tus reglas y empezar a ser tú mismo.

Proponte decir "No, gracias" en lugar de inventar historias o dar largas explicaciones.

Luna llena (12:12)
Marte y Venus en trino con Plutón te dan la fuerza para vencer la sensación -generada por el Sol en cuadratura con la Luna- de que tu vida está perturbada por quienes te rodean, especialmente por tu pareja.

Lunes • 8   Armoniza tus espacios

Consigue una campana de metal o de cristal y hazla sonar en diferentes áreas de tu casa o trabajo. El sonido que emiten las campanas, viaja en ondas que rompen los depósitos de energía negativa, clarificando los espacios y permitiendo el flujo vibracional. Las campanas tibetanas fueron diseñadas específicamente para limpiar la energía con su inconfundible sonido, el aura humana es la primera en recibir sus beneficios, así como los chackras que se armonizan y se activan positivamente por medio de esa vibración.

Otro tipo de campanas son las de tubos (diapasón) y los wind chimes o "espanta espíritus".

 armoniza

Martes • 9   Mantén flores frescas

Las flores transmiten emociones positivas al tiempo que refrescan los espacios. Trata de tener siempre floreros con hermosas y frescas flores en diferentes espacios de tu hogar, prefiere las frescas por encima de las de seda o papel. Las flores en colores amarillo y naranja contagian de alegría, las blancas recogen la mala vibra y las rosas y/o rojas atraen el amor. Mejor opción es tener bellas macetitas de flores de sombra dentro de la casa.

Después de peleas y discusiones es bueno colocar flores blancas que absorberán el mal ambiente.

Miércoles • 10   Libera tu parte artística

Comienza un proyecto creativo utilizando alguna habilidad personal, como puede ser la pintura, escultura, artesanía o simplemente la renovación de objetos decorativos que tienes en casa. Todos tenemos alguna gracia y dedicando un tiempo a su creación elevaremos esa capacidad artística que se conecta con todo lo que es divino, porque es energía de creación. Tus aptitudes te darán muchas horas de satisfacción, te liberarán del estrés y tal vez hasta te lleven a obtener ganancias económicas.

Haz de tu pasatiempo una fuente extra de ingresos, evalúa y proyecta.

junio   2009

junio						
l	m	m	j	v	s	d
1	2	3	4	5	6	7
8	9	10	11	12	13	14
15	16	17	18	19	20	21
22	23	24	25	26	27	28
29	30					

110

Jueves · 11 — Date un respiro

La ansiedad, la prisa, el desasosiego que te rodean, no tiene por qué afectarte si cierras los ojos, respiras profundamente y estabilizas tu energía. En cualquier momento de estrés usa esta fácil técnica: Antes de hablar o de actuar, respira suave pero profundamente, mantén unos segundos el aire adentro y exhálalo lentamente, repite tres veces y tu malestar habrá disminuido considerablemente.

La Luna en cuadratura con Venus y con Marte te pide calma, haz una pausa en tu lugar favorito o en lo profundo de tu yo interior.

El oxígeno es el antídoto de la adrenalina que al circular por nuestro cuerpo provoca desagradables sensaciones.

Viernes · 12 — Sorprende a tu pareja

Otro viernes del amor, día perfecto para reinventar la relación romántica con una sorpresa inesperada que recupere la pasión y la ilusión de los inicios. Inventa una cena especial, dale un masaje con aceites aromáticos, escápense juntos a cualquier otro lugar o exprésale tu amor en forma distinta. Si no tienes pareja es tiempo de pedirla, detállala en tu mente o en un papel, el universo mágico fusionará la energía de tu pensamiento con la del amor. Tus deseos son órdenes.

Si tu pareja constantemente está de mal humor, coloca un platito con carbón vegetal debajo de su lado de la cama para que absorba su mal genio y lo armonicen.

armoniza

Sábado • 13   Pide a San Antonio que te traiga lo perdido

Día de San Antonio de Padua

San Antonio es el patrón de las causas perdidas y del amor, su templo en Padua, Italia, junto con la Basílica de Guadalupe en México, son algunos de los más visitados del mundo. Es tan conocido que se le puede pedir hasta por Internet, San Antonio es el santo favorito de las mujeres que desean encontrar novio y casarse. Consigue 13 monedas de 13 hombres distintos y ofréceselas como limosna para conseguir un amor bueno y sincero, San Antonio también encuentra objetos perdidos.

No le quites el niño, ni lo voltees de cabeza, a San Antonio no hay que chantajearlo, sino pedirle con amor.

Domingo • 14   Aléjate de los vampiros energéticos

Hay que distanciar la amistad de lo que representa tener al lado a una persona infeliz, enojada, amargada o envidiosa. Presta auxilio y consuelo al que sufre, trata de contagiar tu buen ánimo, pero no permitas que la negatividad de otros te contamine. Acércate a quienes te aprecian, te comprenden y te aman. Pide a los seres de luz que te envuelvan en sus rayos cósmicos de alegría y protección.

Una Luna opuesta a Saturno te aconseja alejarte de las personas tóxicas, negativas y sufridas.

Lleva siempre contigo una amatista que transforma lo negativo en positivo.

junio						
l	**m**	**m**	**j**	**v**	**s**	**d**
1	2	3	4	5	6	7
8	9	10	11	12	13	14
15	16	17	18	19	20	21
22	23	24	25	26	27	28
29	30					

Lunes • 15   Mejora la comunicación con los demás

Dedica este día a cultivar relaciones armoniosas. El tema de hoy puede ser mejorar la comunicación con aquellos a los que dices no entender, recuerda que tú no eres poseedor de la verdad absoluta, evita juzgar a los demás y dar por hecho cosas que no están aclaradas. Descubre la belleza interior de tu alma y la de cada uno de los otros, si te preocupas por escuchar en lugar de deducir, juzgar, criticar u ordenar, podrás ser capaz de entender todo en su total dimensión.

Luna menguante
El Sol en trino con Júpiter y con Neptuno avivan tu imaginación.

No pienses con qué o cómo rebatir una idea mientras discutes. Escucha lo que te están diciendo.

Martes • 16   Pide una señal

Si estás confundido, no sabes qué decisión tomar o cómo actuar, pide una señal. Expresa mentalmente lo que necesitas saber, sé muy específico y a partir de este momento presta mucha atención, porque la señal puede llegar a ti de cualquier manera y en cualquier lugar. Si abres bien tus sentidos sabrás entenderla, millones de acontecimientos suceden al mismo tiempo, uno de ellos puede ser el golpe de buena suerte que estás buscando. Alguien dijo que abriendo la Biblia en cualquier página se encuentra un mensaje acorde con la necesidad del momento.

Lo difícil no es tanto aprovechar la oportunidad, sino saber cuál es la oportunidad.
Pedro Manero

armoniza

Miércoles • **17**   ## Aprende algo nuevo

Haz de cada día una gran lección de aprendizaje intelectual y espiritual, no se necesita dinero ni tiempo, ésta es una decisión personal que involucra la necesidad de saber más y ser mejor. Puedes aprender inscribiéndote a un curso, abriendo un diccionario, eligiendo qué programa de televisión ver o escuchando a los demás, especialmente a los mayores que tienen por seguro mucho que contar. La idea es que diariamente tengas algo nuevo en tu haber y una anécdota más que platicar cuando seas tú quien dé las lecciones.

Tú tienes el poder de escoger a qué dedicas tu atención, busca aprovechar el tiempo y no solamente pasarlo.

Jueves • **18**   ## Resplandece en tu propia luz

El tránsito astrológico de este día te ayuda a que tus decisiones sean claras, sin titubeos, ni dudas, pero también a que decidas ser el capitán de tu propio barco. Basta de esperar a que algo suceda, basta de creer que la felicidad llegará con una persona o con un trabajo, basta de entregar el poder a los demás. Tú eres luz, eres prosperidad, eres amor, el éxito viene a ti, si tú así lo deseas y actúas en consecuencia.

Kirón, Júpiter y Neptuno en trino con el Sol en cuadratura con Urano, te piden que asumas el control.

Enfoca tu objetivo, trabaja con la certeza de que así como lo estás planeando sucederá, porque cuando trabajas con amor la energía resplandece.

junio						
l	m	m	j	v	s	d
1	2	3	4	5	6	7
8	9	10	11	12	13	14
15	16	17	18	19	20	21
22	23	24	25	26	27	28
29	30					

Viernes • 19 Adelanta el regalo del Día del Padre

Sorprende al padre de tus hijos con un regalo de amor. Trátalo como si fueran novios y escápense lejos de los niños y las tareas del hogar, el amor de pareja debe ser renovado constantemente. Si no es tu caso, enciende una veladora rosa, con tus dedos frótala con miel de abeja y pide que llegue a ti ese ser que esperas para formar un hogar ideal, enciéndela con cerillos de madera y déjala consumir. Tu mensaje está ahora en el éter donde se encontrará con la energía que atraerá a ti lo que estás pidiendo.

Los rituales son vehículos que transportan nuestros deseos.

Sábado • 20 Vive el inicio del verano

Este día ha sido celebrado por todas las culturas en todos los tiempos pues se trata del momento en que el Sol llega a su punto más alto. Se dice que las hadas y los duendes salen a bailar, los granjeros dan gracias por la cosecha, se encienden fuegos en honor al astro rey, se pide y da gracias por la fecundidad. Éste es el momento ideal para comenzar a ahorrar para el futuro, alínate con esta energía de prosperidad y abundancia.

Solsticio de verano (23:45)

Coloca objetos de poder sobre tu dinero, como pirámides, cuarzos, elefantes o espejos con el azogue hacia los billetes para duplicarlos.

armoniza

Domingo · 21 — Reconoce el papel del papá

Día del Padre

Este día reconoce a tu padre por el simple hecho de haberte dado la vida. Si ha sido un papá maravilloso llevas una doble bendición, si solamente colaboró en tu creación igualmente te regaló el don divino: la vida. Cerca de ti debe haber otros hombres que sin ser tus padres te hayan inspirado con sus consejos y protección. Agradéceles su enseñanza, sus consejos y su cobijo, escúchalos con atención, sigue aprendiendo de ellos y hazte presente en sus necesidades.

Espera de tu hijo lo que has hecho con tus padres.
Tales de Mileto

Lunes · 22 — Comienza de nuevo

Luna nueva

Otra vez la luna nueva, la que te ofrece una vez más la oportunidad de empezar desde cero. Escoge muy bien en qué parte de ti vas a trabajar, puedes elegir mejorar algo en tu carácter o forma de actuar, pide por encontrar un nuevo amor y entonces realiza actividades que te acerquen a tu objetivo, o bien, puedes pedir por tu prosperidad o por un nuevo trabajo. Dedica todos los días tu atención a activar el área que has elegido. Recuerda que lo que te rodea es un reflejo de tu yo interior y que tú tienes el poder de cambiar tu circunstancia.

Mientras haya ausencia de Luna no tomes decisiones importantes y aléjate de discusiones.

junio · 2009

junio						
l	m	m	j	v	s	d
1	2	3	4	5	6	7
8	9	10	11	12	13	14
15	16	17	18	19	20	21
22	23	24	25	26	27	28
29	30					

116

Martes • 23   Prepárate para la Noche de San Juan

Al terminar este día y dar las doce de la noche da comienzo una celebración mágica, se dice que en esta noche encantada deben realizarse toda clase de rituales y que las mujeres pueden soñar al hombre que desposarán. En diferentes países las celebraciones durarán hasta mañana, como en Puerto Rico, donde la gente se tira de espaldas al mar que aseguran está lleno de bendiciones. Si llueve, coloca un recipiente para recolectar agua, sal y mójate en ella porque es de buena suerte. Junta más agua de lluvia y guárdala para mañana.

Venus y Marte en Tauro, te vuelves sutil pero enérgico y no permites imposiciones ni el abuso de cualquier autoridad, por muy disfrazado que esté.

Esta noche se abren las invisibles puertas del otro lado del espejo.

Miércoles • 24   Vive la magia de este día

Día de San Juan Bautista

San Juan es el único santo que se recuerda en su fecha de nacimiento. Al despertar, lo primero que debes hacer es tomar el agua de lluvia recolectada la noche anterior, o bien, recoger el rocío de las plantas y flores para mojar tu piel y cabello, pues quien lo use en todo su cuerpo conseguirá belleza, salud y juventud, además de sanar todos los males. También se cree que hoy las plantas curativas aumentan su poder, las venenosas pierden sus propiedades dañinas y se abren las puertas espirituales.

El que tenga dos túnicas que reparta con quien no tenga ninguna, y el que tenga alimentos que haga lo mismo.
San Juan Bautista

armoniza

Jueves • 25   Continúa con la racha de abundancia

Aprovecha la energía fecunda de esta época para mantener pensamientos positivos de prosperidad. Piensa siempre que la tierra es madre fértil y que de ella siguen surgiendo flores y frutos, agua pura y cristalina, que está rodeada de oxígeno y en su centro conserva el fuego, lo que es arriba es abajo y lo que es adentro es afuera. Coloca a la vista platones de cerámica con frutas frescas, flores y plantas. Esta etapa te sintoniza con la cosecha, que tus acciones te alineen con tus deseos.

Coloca en tu cocina un florerito con espigas de trigo para atraer la abundancia.

Viernes • 26   Consigue un amor que traiga prosperidad

Un buen amor se traduce en bendiciones, mientras que uno mal concebido lo hará en pérdidas; si vas a enamorarte, que sea de quien te ayude a crecer. Tú puedes determinar a quién entregas tu corazón, los apasionamientos sin decisión son sólo momentos. Abre tu corazón, pero también abre bien los ojos, enamorarse es un acto de voluntad, que quien camine a tu lado comparta los mismos objetivos de vida, que el favorecido también te beneficie como tú lo harás con él.

Todos los amores van hacia el amor propio, como los ríos al océano.
Pedro Manero

junio						
l	m	m	j	v	s	d
1	2	3	4	5	6	7
8	9	10	11	12	13	14
15	16	17	18	19	20	21
22	23	24	25	26	27	28
29	30					

Sábado · 27   Tienes el control de tus emociones

Hoy quieres saber los secretos amorosos más ocultos, hoy tienes la habilidad de cambiar tu energía, regular tu ánimo y reordenar tus finanzas. Enciende el interruptor que ilumina tu camino y de quienes te rodean, que nada te detenga ni te retrase, hoy se trata de ti, de alinear tus emociones y pensamientos con tus acciones, de conseguir un estado de ánimo positivo, de encontrar la paz y la alegría. Nadie decide por ti, tú eres el mago de tu vida.

Encuentra la esperanza y hallarás la paz.

Domingo · 28   Encauza tus objetivos

El Sol rige este día favoreciendo las actividades familiares y los proyectos personales, agrega la energía de la luna creciente y obtendrás un día perfecto para canalizar tus objetivos. Planea cuidadosamente tu estrategia y ponte a trabajar con amor, alegría y con la atención centrada en conseguir el fin; da gracias por anticipado pues estás seguro del éxito de tu proyecto. Enciende una vela amarilla durante el día y una blanca por la noche para conjuntar la potencia del Sol y la energía de la Luna.

Día ideal para despuntar el cabello que se desea más largo.

armoniza

Lunes • 29   Organiza tus elementos de trabajo

Luna creciente

La luna creciente en lunes te da la energía adecuada para favorecer tus actividades por medio de la organización y eficiencia. Limpia y ordena tu escritorio, oficina o utensilios de trabajo, implementa novedosos sistemas que te ayuden a desarrollar más eficazmente tus labores, simplifica tu trabajo, encuentra nuevas formas de hacerlo más rápido y mejor. Elimina objetos inservibles y descompuestos, cambia de orientación tu escritorio o pega una imagen que te inspire. Moviliza la energía estancada, generando mejores oportunidades.

Ten siempre cerca aceite esencial de lavanda que ayuda a armonizar mente, cuerpo y espíritu. Coloca dos gotas en tus manos y aspira profundamente.

Martes • 30   Retroaliméntate de la energía positiva de los otros

Mercurio en Géminis, en trino con la Luna te invita a disfrutar.

Organiza una reunión holística con tus amigos más cercanos. Será un momento mágico que sanará a todo el que esté presente. Pon música ambiental, *new age* o de alta vibración, sirve bocadillos de queso de cabra y uvas en pan integral, ofrece bebidas naturales como aguas frescas e infusiones. Coloca veladoras, inciensos y cuarzos, la velada se complementa con masajes, curaciones energéticas y una charla agradable.

La curación grupal es sumamente efectiva y no solamente beneficia a quienes están presentes, sino a los seres con los que conviven.

junio 2009

junio						
l	m	m	j	v	s	d
1	2	3	4	5	6	7
8	9	10	11	12	13	14
15	16	17	18	19	20	21
22	23	24	25	26	27	28
29	30					

 120

julio

Este año de retos y esfuerzos será un año de éxitos si se trabaja con alegría y entusiasmo, gozando al máximo cada momento, entregando un extra en cada acción, imprimiendo un sello personal. Disfrutar es involucrarse por completo en todo evento, poniendo alma, mente, cuerpo y corazón.

Cualquier actividad tiene la posibilidad de ser tediosa o increíblemente fructífera: cocinar para la familia, laborar para la misma empresa, cuidar de nuestros seres queridos, manejar a diario hacia el trabajo, recoger los juguetes de los hijos, sacar a los perros y hasta limpiar la casa, pueden convertirse en acciones que nos dejen una recompensa emocional instantánea.

Tu vida es una fiesta y tú eres el anfitrión, ponte bella o muy guapo para agasajar a tus invitados y decide gozarla al máximo. Disfruta.

disfruta

Miércoles • 1 — Escribe las 10 cosas que más te gustan

Este mes vas a sacarle jugo a cada evento y a tomar decisiones importantes para la armonía de tu vida futura. Haz una lista de las actividades que más disfrutas; en una columna anota las que te son favorables, te traen bien y alegría, en la otra columna escribe las que aunque te gusten mucho, te traen problemas, son desfavorables o representan malos hábitos o vicios. Decide incrementar las favorables e ir deshaciéndote una a una de las negativas. Por ejemplo, bailar más y fumar menos.

Al finalizar el mes revisa cuántas acciones positivas alcanzaste.

Jueves • 2 — Haz de la alegría un estilo de vida

Está científicamente comprobado que un segundo después de sonreír el cuerpo humano produce endorfinas responsables del buen ánimo y la alegría. Reír activa la circulación, respiración y la totalidad de los músculos. Además, cuando sonreímos el cerebro no puede pensar cosas negativas, lo mejor de todo es que para cambiar de un estado de ánimo negativo a uno positivo, lo único que hay que hacer es reírse aunque no se tengan ganas. Pruébalo y verás cómo funciona. Las personas felices son más atractivas.

Dibuja una sonrisa ahora mismo en el papel y otra en tu cara.

julio 2009

| julio | | | | | | |
l	m	m	j	v	s	d
		1	2	3	4	5
6	7	8	9	10	11	12
13	14	15	16	17	18	19
20	21	22	23	24	25	26
27	28	29	30	31		

 122

Viernes • 3   Disfruta de tus propios sentimientos

Date permiso de experimentar lo que sientes pero de forma armónica. Si es euforia, goza responsablemente; si es tristeza, ponte un horario: vas a llorar de 6 a 8, pero pasado ese tiempo te levantas, sonríes y a lo que sigue. No permitas que un estado de ánimo te debilite. Tienes mucho que hacer, que aportar, que gozar y sólo tú puedes dirigirlo hacia un lado o hacia el otro.

Sol en Cáncer y Luna en Escorpio, te inclinan a conectarte con tus emociones y tus sentimientos más íntimos y profundos.

Ensaya caras de alegría, tristeza y enojo en el espejo y analiza cómo luces.

Sábado • 4   Sube a las estrellas y recorre el Universo

Regálate la oportunidad de integrarte con la magna energía del Universo, de ser posible busca un lugar alejado de las luces de la ciudad y recuéstate viendo la profundidad de la noche, respira profundamente, pon atención a cada estrella, sé uno con el infinito, deja tu mente y tu espíritu volar. Verás nebulosas, constelaciones, estrellas fugaces y tal vez, si estás en total concentración, te será posible descubrir una clave, una señal.

Escoge una estrella y ponle nombre, es tuya y también la puedes regalar.

disfruta

Domingo • 5   Pon atención a los niños

Hoy es un magnífico día para armonizarte contigo mismo a través de lo que ves, de lo que percibes y de lo que recuerdas. Abre tus sentidos y pon atención a todo y a todos, especialmente a los niños y a las mascotas, fíjate en sus actitudes, en lo que hacen y en cómo se relacionan con los demás. Visita un parque y verás cómo en cuestión de segundos entablan comunicación con sus iguales, buscando únicamente compartir un buen momento. Esa capacidad de regocijo la tienes tú también, deja salir a tu niño interno. ¡Disfruta!

Busca fotos de tu infancia, conéctate contigo mismo en otro tiempo.

Lunes • 6   Atrae y rechaza con espejos

Los espejos son herramientas mágicas que reflejan y multiplican infinitamente, pero que también atraen o rechazan según su forma y ubicación. Evita colocar espejos que te reflejen cuando entras a tu casa porque repelen tu energía y el Chi, la energía vital, que entra por la puerta. Coloca espejos en el comedor o cocina, de forma que reflejen frutas y vegetales para multiplicar la prosperidad, la abundancia y para que en tu hogar nunca falte el alimento.

Para tu arreglo diario, elige espejos que te reflejen de cuerpo completo y evita los pequeños que no reflejan la totalidad de tu cara.

julio						
l	m	m	j	v	s	d
		1	2	3	4	5
6	7	8	9	10	11	12
13	14	15	16	17	18	19
20	21	22	23	24	25	26
27	28	29	30	31		

julio   2009

 124

Despréndete de emociones reprimidas

Encuentra nuevas formas para expresarte y pedir, pues los demás no pueden adivinar lo que necesitas a menos que lo hables sin reclamos, abiertamente. Decide no tomar tan a pecho lo que los otros dicen, entiende los procesos personales y cuando el tiempo sea adecuado, explícales lo que sus palabras te han hecho sentir. Perdona, si tienes que hacerlo.

Luna llena (03:21)
La Luna en Capricornio te vuelve reflexivo. Acepta los sentimientos reprimidos y déjalos salir.

A partir de hoy lleva un balance de las respuestas ante tus alegatos.

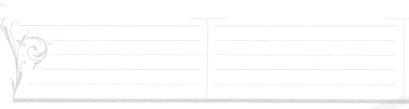

Miércoles • 8 — Colorea las emociones de tus hijos

Los colores tienen un efecto directo sobre nuestras emociones, si tienes niños en casa elige muy bien en qué colores decoras sus habitaciones. Si los niños son muy calmados, necesitan tonos vibrantes, combinaciones que los motiven: azul rey, amarillo, naranja, verde limón, entre otros. Si por el contrario, son traviesos y muy activos, utiliza tonos que generen tranquilidad como: rosa claro, azul pastel, verde pistache y crema.

Sé tolerante con tu familia, pon atención a los actos favorables.

disfruta

Jueves • 9   Fusiónate con la esencia fértil

Disfruta el contacto con la naturaleza y sé uno mismo con la tierra. Camina sin zapatos sobre el pasto, abrázate a un árbol y con los ojos cerrados ánclate bien a la tierra y siente cómo de tus pies salen raíces que te fusionan con el centro del planeta, quédate en concentración el mayor tiempo posible, respira profundamente y entra en meditación. Aprovecha esos minutos para desalojar lo negativo, porque con este contacto tu nivel de energía se elevará.

Revitaliza las plantas de tu casa, limpiando y rociando sus hojas con agua fresca en un atomizador.

Viernes • 10   Enamórate de ti mismo

¿Te has visto con ojos de amor últimamente? Hoy es un gran día para caer rendido ante ti mismo y no se trata de ego, sino de descubrir la belleza que hay en ti. Fuiste creado por la misma fuente que hizo las flores y las estrellas, eres increíblemente perfecto, todo en ti funciona equilibradamente, posees características únicas que te hacen diferente y especial. Reconociendo la naturaleza de tu ser contacta con su creador y agradece llevando una vida de alegría.

Enorgullécete de ti mismo y siéntete feliz de estar vivo.

julio   2009

l	m	m	j	v	s	d
		1	2	3	4	5
6	7	8	9	10	11	12
13	14	15	16	17	18	19
20	21	22	23	24	25	26
27	28	29	30	31		

julio

126

Sábado · 11   Regala tu conocimiento

Este día te impulsa a exteriorizar tu empatía con otras personas, especialmente con tu familia. Comparte conocimientos y habilidades que ayuden a otros a desarrollarse efectivamente, sé generoso con tus enseñanzas liberando el tesoro de la sabiduría. Disfruta vertiendo nuevas ideas y fórmulas para optimizar labores y tareas diarias, reparte también anécdotas que puedan servir de inspiración. Deja tu huella en quienes te rodean, ayudándolos a llevar una mejor vida.

Mercurio en Cáncer te inclina a demostrar comprensión a las personas cercanas, apegándote a tu hogar.

Analiza tus actitudes ante padres o hijos. Siempre hay algo que puedas mejorar.

Domingo · 12   Decide no juzgar

Los seres humanos tenemos la gran capacidad de juzgar a toda persona que se cruce en nuestras vidas, sintiéndonos con el derecho de decidir si sus acciones son buenas o malas. Uno de los preceptos de Buda es justamente alejarnos de tan dañina actividad, decidir libremente no volver a juzgar a nadie aunque no comulguemos con lo que hace. Juzgar envilece a las personas y entender que cada quien tiene características diferentes, te acerca a lo divino. Decide no juzgar sólo por hoy y repítelo mañana y pasado mañana.

No juzguen, para no ser juzgados. Porque con el criterio con que ustedes juzguen se los juzgará, y la medida con que midan se usará para ustedes. ¿Por qué te fijas en la paja que está en el ojo de tu hermano y no adviertes la viga que está en el tuyo?

Mateo 7

disfruta

Lunes • 13   Trasciende con rumbo

Momento de replantearte metas y actitudes, de comprender qué patrones gastados y viejas fórmulas que no han funcionado pueden modificarse por métodos mas efectivos. Época de actualizarse por dentro y por fuera, de tomar de las nuevas tendencias lo que más te favorece, de dejar atrás pensamientos viejos y caducos, de buscar un nuevo estilo para relacionarte con los otros y con el mundo.

Urano retrógrado en Piscis te trae tendencias revolucionarias de cambio, de buscar tu propia trascendencia.

Buen momento para hacer un cambio de imagen, para llevar otro corte de pelo, un maquillaje distinto u otra forma de vestir.

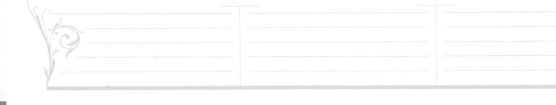

Martes • 14   Sal de tu zona de confort

Si tu vida es maravillosa ¡felicidades! Pocas personas pueden sentirse bien todo el tiempo, pero si no te sientes satisfecho del todo es buen momento para analizar tu ambiente y decidir si estás viviendo a plenitud o simplemente eres un pasajero de la vida y vas tomando lo que se te da en el camino. Un nuevo trabajo, otra relación amorosa o un cambio de casa no te traerán la felicidad ansiada, esa sólo se consigue cuando se está conforme con uno mismo. Sal de tu zona de confort y redirige tu vida hacia donde quieres llegar.

Toma las riendas y acciona los botones que te impulsen hacia el éxito, que no te agarren dormido en tu zona de comodidad.

	julio					
l	**m**	**m**	**j**	**v**	**s**	**d**
		1	2	3	4	5
6	7	8	9	10	11	12
13	14	15	16	17	18	19
20	21	22	23	24	25	26
27	28	29	30	31		

Miércoles • 15   Replantéate antiguos tabúes

Luna menguante

La luna menguante ayuda a retirar y terminar con lo que es dañino y con lo que no se desea; este momento es perfecto para deshacerte de algunos pensamientos viejos que no concuerdan con tu nueva vida ni con la época. Es tiempo de desapegarte de creencias añejas, prejuicios y tabúes personales, de tolerar y aceptar otros estilos, otras formas, otros métodos. Hoy crece espiritualmente para abrir tu mente, tu aceptación, tu entendimiento.

La mente que se ha abierto a otros conceptos, jamás regresará a su tamaño original.

Jueves • 16   Cura a distancia

Todos tenemos la capacidad de sanar aunque pocos han desarrollado el potencial para restaurar la energía en personas, animales y plantas. Tú puedes llevar sanación aunque estés distante: toma la fotografía de esa persona amada entre tus manos y concéntrate en mandarle un halo de luz verde si está enfermo o de luz violeta si está sufriendo. Tus oraciones y encomiendas a los seres espirituales serán oídas.

El Sol conjunto a Mercurio en Cáncer hacen trino con Urano en Piscis, hoy puedes ayudar a la sanación de alguien si proyectas desde el fondo de tu corazón luz verde que lo envuelva.

Manda tu amor y bendiciones al ausente, al enfermo, al que sufre, colocando un cuarzo morado sobre su foto.

disfruta

Viernes • 17   Renace de tus cenizas

Día de la Secretaria

Así como el Ave Fénix se consumió en el fuego, y de sus cenizas renació un ave nueva y volvió a volar, tú también puedes resurgir después de un rompimiento o de una relación dolorosa, convertido en una mejor persona. Fortalece tu corazón, pidiendo ayuda divina y deseando dejar de sentir rencor, dolor, odio o tristeza. Los sentimientos son pensamientos y todo aquello que es pensado es. Mejor piensa que un buen amor llegará a tu vida, en el momento justo, para tu bien y la alegría de los que te rodean.

Coloca una figura o imagen del Ave Fénix en la esquina que se forma al fondo a la derecha de tu habitación.

Sábado • 18   Camina meditando

Toma un tiempo de este maravilloso sábado para caminar por una zona arbolada y mientras lo haces disfruta de todo lo que ves, porque todo forma parte del gran cuadro en el que estás integrado. Después de unos minutos tu respiración se habrá alineado con la naturaleza exaltando tu parte divina; tu mente obtendrá descanso y armonía, mientras que tu cuerpo recuperará su energía vital. Haz del ejercicio al aire libre un estilo de vida.

La naturaleza es el trono exterior de la magnificencia divina.
Georges Louis Leclerc

julio

l	m	m	j	v	s	d
		1	2	3	4	5
6	7	8	9	10	11	12
13	14	15	16	17	18	19
20	21	22	23	24	25	26
27	28	29	30	31		

Domingo • 19   Haz labor comunitaria

El disfrute más grande proviene de la sensación de saber que se ha hecho un bien sin esperar recompensas ni agradecimientos, sino por el simple gusto de haber dado. Enrólate como voluntario en alguna asociación de beneficencia, colabora con algún hospital, asilo de ancianos, orfanato o en la Cruz Roja. Alienta a tu familia para que, en conjunto, hagan un bien, donen y tomen una causa. Siempre hay gente necesitada que se puede favorecer con tu ayuda.

A veces nos dirigimos a Dios mendigando un poco de alegría y otras veces le brindamos nuestra propia alegría. En tales momentos nos hallamos más cerca de Él, porque no es nuestra necesidad, sino nuestra alegría lo que hacia Él nos empuja.

Rabindranath Tagore

Lunes • 20   Brilla con buena estrella

Este transito te ayudará a vender lo que quieras ¿por qué no te vendes a ti mismo? Imagina que eres el director y publicista de una empresa o producto y que tienes la autoridad para decidir la estrategia de cómo y a quién lo diriges. El producto o compañía que representas eres tú mismo y nadie mejor que tú sabe lo que contiene, qué empaque debe llevar y cómo ha de distribuirse. Disfruta planeando tu lanzamiento al mercado.

Marte en Géminis te convierte en la estrella de la fiesta y en el vendedor más cotizado. Hoy puedes convencer a todos, de todo. Aprovecha.

Hazte presente con tu jefe, circula para que te vean, busca público.

disfruta

Martes · 21 — Desea el bien ajeno

Con la Luna a tu favor, escucha con atención las anécdotas de personas cercanas, alégrate genuinamente del bienestar de amigos y compañeros, aun del de aquellos con los que no congenies o hayas tenido conflictos. En el trabajo, recuerda que nada es personal, dale a cada quien el valor que tiene en tu vida, no lleves conflictos laborales a la casa, ni familiares al trabajo. Respeta la jerarquía de los que están arriba aun cuando pienses que tú podrías hacerlo mejor.

Bendecir el bien de otros traerá el bien propio.

Miércoles · 22 — Escribe tus pensamientos

Todo lo que pasa por tu mente tiene una fuente de inspiración: pensamientos, recuerdos, anécdotas, vivencias, ideas, que merecen ser guardadas como testimonio en una memoria para el futuro. No importa si tienes talento o no para expresarte, lo importante es que les des salida a tus emociones plasmándolas en un papel, adjunta notas o frases célebres, dibujos, fotografías y todo lo que en este momento sea relevante para ti.

Usa estas páginas para llevar un diario de tus pensamientos.

julio · 2009

julio						
l	m	m	j	v	s	d
			1	2	3	4	5
6	7	8	9	10	11	12
13	14	15	16	17	18	19
20	21	22	23	24	25	26
27	28	29	30	31		

 132

Jueves • 23   ## Musicaliza tu vida

Lo que oímos afecta nuestras emociones llevándonos a estados similares a lo que percibimos, si estás triste y pones canciones de dolor te será casi imposible librarte de ese estado de ánimo, si sólo escuchas noticias trágicas o negativas, alimentarás el estrés que se vive a diario, si pones toda tu atención en los chismes inevitablemente comenzarás a juzgar. Elige vivir en armonía, acompaña tus días de alegres canciones, de melodías suaves y relajantes, de música inspiradora.

La música en un arte que está fuera de los límites de la razón; lo mismo puede decirse que está por abajo, como que se encuentra encima de ella.

Pío Baroja

Viernes • 24   ## Date un respiro

No todos los viernes tienen que ser románticos o de fiesta, y si no tienes a quien amar, ni con quién celebrar, piensa que tienes un tiempo único que no podrías disfrutar si estuvieras en otra situación, así que, ¿por qué no te das un respiro emocional y te dedicas a ti mismo? Celebra que eres libre y puedes hacer lo que quieras: ámate, mímate, cocina algo delicioso para ti o pide un platillo a tu restaurante favorito, pon música y canta, mira una película, baila desnudo por la casa, abraza tu individualidad.

Cuando no podemos encontrar contento en nosotros mismos, es inútil buscarlo en otras partes.

François de La Rochefoucauld

disfruta

Sábado • 25   Mantén la calma con armonía

Hay un tiempo para cada cosa, así como cada cosa llega a su tiempo: tiempo para accionar y tiempo para esperar. A veces nos toca ser yunque y a veces martillo, cuando se es yunque toca aguantar, cuando se es martillo, pegar. Pero hasta la espera más larga tiene su mérito, si es que no te sientas a esperar.

Paciencia: Júpiter, Urano, Neptuno, Plutón y Kirón están retrógrados, dificultando o retrasando las cosas.

Tan a destiempo llega el que va demasiado de prisa como el que se retrasa demasiado.

William Shakespeare

Domingo • 26   Sal de la rutina

Sal de la monotonía del aburrido domingo futbolero haciendo nuevas actividades. Visita calles de lugares históricos que ofrecen vistas maravillosas de antiguos edificios coloniales, entra en contacto con la naturaleza haciendo un día de campo en cualquier parque o hasta en el jardín de la casa o, por el contrario, date un verdadero descanso y quédate en cama todo el día. Toda rutina llega a ser fastidiosa, cambia tus actividades y cambiarás tu ánimo.

Cambia el enfoque del domingo y no pases el día... ¡Vívelo!

julio						
l	m	m	j	v	s	d
		1	2	3	4	5
6	7	8	9	10	11	12
13	14	15	16	17	18	19
20	21	22	23	24	25	26
27	28	29	30	31		

Lunes • 27   Consume pan integral

Ligeras modificaciones en la alimentación traerán grandes beneficios, todo está en saber qué y cuándo comer. Nuestro organismo necesita los carbohidratos provenientes del pan entre otros, porque de ahí obtiene la mayor fuente de energía, pero para estar en forma hay que alejarse de los panes elaborados con grasa, con harinas refinadas, de los de apariencia esponjosa y de los que contienen mucha sal o azúcar. Elige pan integral, de salvado o centeno para una mejor digestión.

Para mantenerte en forma, no consumas pan, pasta, plátanos ni papas después de las 6 de la tarde.

Martes • 28   Haz un ritual de poder

Luna creciente

Aprovecha la energía de luna creciente en martes, el día del guerrero, para aumentar tu poder personal y conseguir tus propósitos. Con mucha intención y en total concentración escribe en un papel con tinta negra lo que quieres conseguir: aumento de sueldo, nuevo trabajo o solución a un problema y demás, enseguida, con tinta roja, escribe tu nombre completo sobre la descripción. Coloca el papel bajo una veladora roja, rodéala de clavos de olor y rajas de canela y enciéndela con cerillos de madera. Déjala consumir sin apagarla.

Los rituales son vehículos que transportan tus pensamientos.

disfruta

Miércoles • 29   Encuentra tu fuente de inspiración

Tú puedes lograr cualquier propósito si persistes en tu pensamiento. Alinea tus sentidos con tus deseos, coloca en tu lugar de trabajo objetos e imágenes que nutran tu inspiración y que semejen lo que quieres obtener en materia y esencia; si quieres triunfar y llegar muy alto en tu trabajo elige un águila soberana de los cielos, si deseas armonía coloca un ángel o un paisaje, y si es compañerismo, comunicación y liberad, unos delfines. Recuerda que todo es lo que simboliza.

Mantén a la vista fotografías tuyas en momentos de éxito y alegría.

Jueves • 30   Atrévete a cambiar

Un nuevo impulso a tu vida puede abrirte nuevos horizontes y oportunidades. Tal vez éste sea el momento de hacer modificaciones que te revitalicen por dentro y por fuera, un nuevo estilo de vestir, de pensar, de ver la vida, puede ser la llave que abra la puerta de tu felicidad futura. Atrévete a cambiar y no esperes que algo o alguien traigan ese cambio que tanto anhelas. No le entregues el poder a nadie más, el poder del cambio está en ti.

Yo mismo, en el momento de decir que todo cambia, ya he cambiado.
séneca

	julio					
l	m	m	j	v	s	d
		1	2	3	4	5
6	7	8	9	10	11	12
13	14	15	16	17	18	19
20	21	22	23	24	25	26
27	28	29	30	31		

La decisión es tuya, tú dices cómo quieres vivir y qué quieres conseguir. Escoge vivir en alegría enfocando tus pensamientos a esta meta, sé congruente con tus acciones, da lo que esperas de regreso, proporciónale dirección a tu vida amorosa. En la relación de pareja son dos los que cuentan, pero cada quien hace su parte. No exijas que el otro cumpla con la suya, concéntrate únicamente en lo que tú puedes hacer.

Saturno vuelve a ser directo en la casa de Virgo, haciendo que analices favorablemente tu relación de pareja o tu vida romántica.

Escribe tres metas en las que sólo tú debas trabajar.

Yin Yang

La figura proveniente del Tao o principio, el Yin Yang es un símbolo dinámico de armonía, que muestra la continua interacción de dos energías y su equilibrio. Sin el yin no podría existir el yang y al revés, sin la existencia de ambos, no se genera vida. El yin y el yang son complementarios, mostrando la dualidad existente en todo el Universo en que cada energía contiene un poco de la otra. Cuando una de las dos llega a su máxima expresión, comienza a transformarse en su opuesto. Yin se relaciona con lo femenino; yang con lo masculino.

disfruta

Inspiración en movimiento

Dar más fuerza y vitalidad a algo: a tu vida, a tus espacios, a quienes te rodean. Lograr un ambiente positivo con mejores oportunidades de desarrollo, sentirte más fuerte y alegre, gozar y vivir a plenitud, eso es revitalizar.

Todo influye en todo, de tal suerte que tu vitalidad impregne a quienes y a lo que te rodea y que, a la inversa, todo lo que esté a tu alrededor vigorice y retroalimente tu enorme potencial para estar bien. Todo ayuda.

Aromaterapia:

- Menta: Clarifica la mente, proporciona vigor mental y físico.
- Albahaca: Incrementa energías, atrae alegría.
- Jengibre: Estimulante, mejora la circulación.
- Romero: Vigorizante.
- Cítricos: Mejoran el rendimiento corporal.
- Canela: Estimulante, afrodisíaco.

Diez mandamientos para mantenerte vital

1. Bebe agua.
2. Consume jugos naturales, frutas y verduras, especialmente las verdes.
3. Haz cuando menos 30 minutos de ejercicio diariamente.
4. Ríe todas las veces que te sea posible.
5. Mantente en movimiento.
6. Bebe té verde.
7. Consume ajo y miel de abeja diariamente.
8. Viste en colores alegres.
9. Toma el Sol diariamente.
10. Mantén una actitud jovial.

agosto

revitaliza

Si bien nuestro espíritu siempre seguirá buscando su punto de equilibrio y la mente su crecimiento intelectual, el cuerpo es perecedero, finito y degradable. En nuestras manos está mantenernos fuertes, saludables, activos, alegres, vitales, hermosos; la ciencia y sus descubrimientos nos han brindado la oportunidad de vivir más años y en mejores condiciones, de lucir de treinta cuando se pasa de los cincuenta; de llegar a la vejez, sintiéndonos como jóvenes.

La fuente de la eterna juventud está a nuestro alcance: alimentación, medicinas, tratamientos, terapias holísticas, ejercicio, cirugías, pomadas y ungüentos, pero esencialmente actitud, deseo, alegría, claridad mental y trabajo espiritual. Vive a plenitud y contagia quienes te rodean. Revitaliza.

Sábado • 1   Renace a tu nueva vida

El cuerpo es el empaque del alma y el instrumento de la mente; que funcione perfectamente haciéndote sentir muy bien es tu responsabilidad y obligación, mente sana en cuerpo sano. Cuídalo con esmero, elige tomar vitaminas, hacer ejercicio, beber agua, comer sanamente; úsalo como vehículo para demostrar y recibir amor, aceptación, simpatía, alegría. Aprovecha la energía de luna creciente para revitalizarlo y disfruta de los resultados que obtendrás día a día.

Camina y siéntate con la espalda recta, darás mejor impresión y te mantendrás en forma.

Domingo • 2   Desintoxícate por dentro y brilla por fuera

Dedica un día al mes para regenerarte por dentro, desintoxicar tus órganos y limpiarte. Si deseas, realiza un ayuno ingiriendo únicamente líquidos naturales, aunque también puedes decidir comer frutas y verduras, aprovecha para tomar una cucharada sopera de aceite de oliva que ayudará a eliminar lo estancado en el tracto digestivo. Termina por la noche con un largo baño en Sales de Epson, que encuentras en cualquier farmacia y tienen la capacidad de limpiar los poros de toda tu piel, desarraigando las toxinas que has liberado.

Renueva tu piel poniendo una mascarilla de miel de abeja por unos 15 minutos.

agosto						
l	m	m	j	v	s	d
					1	2
3	4	5	6	7	8	9
10	11	12	13	14	15	16
17	18	19	20	21	22	23
24	25	26	27	28	29	30
31						

Lunes • 3 — Rétate logrando una nueva hazaña

¿Te sientes aburrido porque siempre haces lo mismo y de la misma manera? ¿No has encontrado algo que te emocione últimamente? Pues ha llegado el momento de dejar de esperar a que algo suceda. Tú y sólo tú tienes el poder de darle una nueva emoción a tus días. Tú puedes conseguir un nuevo logro en tu vida; rétate caminando un metro más, subiendo una escalera más, manteniendo la paciencia un minuto más, probando algo distinto, conociendo un lugar, descubriendo nuevas fórmulas para ser feliz.

Naciste con la bendición del Sol, tu brillo resplandece e inspira el más grande amor.

Martes • 4 — Reactívate y activarás las oportunidades

No permitas que la vida pase de largo mientras esperas. Estar de pie es mejor que estar recostado, caminar es mejor que permanecer parado. Piensa en ti como una bicicleta que para mantenerse vertical tiene que estar funcionando, no te sientes a esperar, actívate y haz que las cosas sucedan.

Haced algo y, si no resulta, haced otra cosa.
Franklin D. Roosevelt

Mercurio en la casa de Virgo te da el poder de convencimiento el día de hoy en que Júpiter, Urano, Neptuno, Plutón y el Kirón, siguen retrógrados retrasando soluciones.

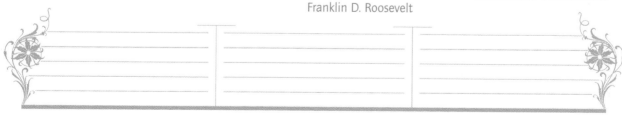

revitaliza

Miércoles • 5   Date un baño de luna llena

luna llena (18:55)

Recibe los beneficios de la energía vibrante, magnifica, activadora de nuestro satélite natural. Sal a donde puedas verla y bañarte con su luz, aprovecha ese momento para hacer ejercicios de estiramiento y contracción, respira profundamente manteniendo unos segundos el oxigeno, mientras visualizas luz blanca llenando todo tu cuerpo por dentro, purificándote y cargándote de energía, suelta lentamente el aire retenido y vuelve a empezar. Después de algunos minutos habrás quedado revitalizado por dentro y por fuera. Aprovecha para beber únicamente agua pura antes de dormir.

Esta noche puedes realizar peticiones y rituales encendiendo veladoras verdes para el trabajo, doradas para la riqueza, rojas para el amor.

Jueves • 6   Mejora tu figura

Toma control sobre tu cuerpo y mejoraras tu figura, recuérdate a cada momento que debes mantener la espalda recta, apretar el vientre, glúteos y piernas, mientras realizas cualquier labor y aun estado sentado o recostado, tensa un grupo de músculos por diez segundos y relaja por un lapso igual, haz al menos 4 series de diez repeticiones diariamente. El músculo del que se toma conciencia es el que mejor se desarrolla y cuando damos poder a los músculos desalojamos la grasa. Pon atención a tu cuerpo y tendrás un mejor empaque.

Acrecienta la masa muscular ingiriendo las proteínas de atún, salmón, claras de huevo y soya.

agosto   2009

agosto

l	m	m	j	v	s	d
					1	2
3	4	5	6	7	8	9
10	11	12	13	14	15	16
17	18	19	20	21	22	23
24	25	26	27	28	29	30
31						

142

Viernes • 7

Estúdiate en el espejo y atrévete a cambiar

Equilibra cuerpo y mente poniendo a tu espíritu como mediador. Tu cuerpo siente el impulso de hacer algo, tu mente le dice que no es propio; tu carne hierve de pasión, de coraje, de energía y tu mente se asusta, revisa, analiza. ¿Quién cederá, quien ganará? Deja que sea tu parte divina la que se incline para uno u otro lado, tú sabes como escucharla, en ella está la sabiduría.

Intuición, sexto sentido, corazonada, llámala como quieras, pero siempre síguela.

Saturno en cuadratura con Marte opuesto a Urano, te inclina a realizar compromisos, pues hoy sentirás inquietud y cierto desfasamiento entre tu fuerte energía que trata de iniciar cosas y la parte de tu mente que es disciplinada.

Sábado • 8

Expresa tus sentimientos favorablemente

Cuando discutimos acerca de asuntos personales es fácil caer en descalificaciones y cargar con culpas a nuestro interlocutor, pero nada nos aleja más de la armonía. Mejor explícale cómo ciertas expresiones afectan tu sensibilidad haciéndote sentir de determinada manera: "Cuando dices esto, yo me siento de tal forma", en lugar de: "Me hiciste sentir tal". Las personas que nos rodean no tienen la capacidad de hacernos sentir mal, somos nosotros quienes con base en proyecciones interiores resentimos ciertos temas. Hasta los comentarios malintencionados pueden resbalarse como jabón si no les das poder.

Habla cuando tus palabras sean tan dulces como el silencio.
Gibran Khalil Gibran

revitaliza

Domingo • 9 — Aliméntate de belleza

Vigila lo que comes, pues en los alimentos está la fuente de lo que te hará ver espectacular, sano y muy vital. Consume arándanos, guayabas, agua de limón, jugo de naranja, atún en agua, salmón, té verde, ajo, jitomate, espinacas, aceite de oliva, pan integral y miel de abeja, entre otros. Recuerda que el desayuno es el alimento más importante del día y que para mantenerte en línea debes evitar los carbohidratos en tu cena.

Bebe jugo de naranja recién exprimido, pues a los 20 minutos se debilita su contenido de vitamina C.

Lunes • 10 — Organízate

Todo el día corres de un lado a otro, no tienes tiempo de nada y te quejas. Tu vida es muy complicada, pero quizá, si en lugar de apresurarte dedicaras un momento diario a organizar tus labores, sería más fácil y descansada. Hazlo sin pretextos, pues el tiempo que dediques a ordenar tu trabajo será recompensado en horas y eliminarás estrés. Primero lo urgente, y de lo urgente, lo más importante. Trata de terminar todo lo que hayas empezado, una cosa a la vez. Comienza ya.

El desorden provoca caos mental y emocional.

agosto

l	m	m	j	v	s	d
					1	2
3	4	5	6	7	8	9
10	11	12	13	14	15	16
17	18	19	20	21	22	23
24	25	26	27	28	29	30
31						

Martes · 11   Evoluciona

Si quieres evolucionar en un mundo convulsionado por acontecimientos que no puedes cambiar, será mejor que aprendas a armonizarte y a encontrar tu propio centro y paz interior. Se cambia más, cambiando por dentro, toma conciencia de tu propia realidad y del bien que puedes aportar.

Vivimos la época de la evolución, contribuye con tu parte y lógralo.

Armoniza todo lo que puedas, atrae energía con inciensos, aceites, cuarzos y música, El Sol, con su fuerza, brillo, vitalidad, está opuesto a Neptuno, que con su naturaleza suave, intuitiva, espiritual y compasiva, necesita ayuda.

Miércoles · 12   Piensa dos veces antes de hablar

Cuando hablas la comunicación se extiende no sólo a las palabras sino también a los gestos y el tono que utilizas, si tienes problemas de entendimiento es momento de revisar cuáles de tus actitudes provocan a los demás. Si has de provocar, que sean buenas reacciones y con intención. Cuida mucho tu estilo, pues de ello depende que la gente te preste atención o decida ignorarte porque lo que dices les molesta. Pon especial cuidado en la comunicación con tus hijos y tu pareja.

Si te sientes intenso y explosivo, haz ejercicio, brinca o grita, pero en el clóset.

revitaliza

Jueves • 13   **Deja lo que no te hace bien**

Luna menguante

Es tiempo de proseguir con todo aquello que ha demostrado ser un valor positivo en tu vida. Lo que no se vea sólido y firme déjalo a un lado porque sería una pérdida de tiempo seguir en ese camino o continuar con esa práctica, esa creencia y hasta esas personas. Los hechos hablan por sí solos y si estás pensando en progresar, debes tener el valor y la determinación de acabar con lo nocivo, dejar a un lado a la gente tóxica, a los negativos empedernidos, a los siempre tristes y a los que están en el camino de la autodestrucción.

Hoy por hoy, la persona más importante en el mundo eres tú. Cuídate.

Viernes • 14   **Energízate cada mañana**

Cada noche, antes de dormir, coloca en tu mesita de noche un vaso con agua para beber y encima una pirámide egipcia. Por la mañana, al despertar, bebe esa agua que ha sigo cargada de energía con el poder de la pirámide. La forma piramidal de cuatro lados funciona de dos maneras: como batería que jala y almacena energía y como antena, que la retransmite. El secreto radica en que cada lado debe estar orientado hacia un punto cardinal: Norte, Sur, Este, y Oeste.

Usa pirámides en colores para obtener diferentes energías: la azul da paz; la verde atrae salud; la amarilla, claridad mental, y la anaranjada, alegría.

agosto						
l	m	m	j	v	s	d
					1	2
3	4	5	6	7	8	9
10	11	12	13	14	15	16
17	18	19	20	21	22	23
24	25	26	27	28	29	30
31						

Sábado • 15   Desea con convicción

Se vale soñar. Hazlo en vivo, con olores, colores, sensaciones, formas y sonidos, es decir, visualizando con emoción y fuerza lo que deseas y, luego, debes estar preparado para cuando llegue el tiempo de actuar y tener muy claros los propósitos de lo que deseas obtener, pues de nada vale imaginar y ejercer la ley del magnetismo si pides un automóvil rojo y no sabes manejar. Debes ser congruente para que llegue lo que quieres.

La emocional Luna en cuadratura con el intelectual Mercurio afecta tus sentimientos.

Ser congruente es pensar, decir y actuar de la misma manera.

Domingo • 16   Abre tu mundo al mundo

La globalización se ve en todas partes y de todas formas. Hoy comemos igualmente comida mexicana, que tailandesa o polaca, llevamos la misma moda, escuchamos la misma música y tenemos un mismo objetivo: el bienestar. Se dice que dentro de pocos años la mitad de la población mundial habrá dejado su lugar de origen y estará viviendo en otro país. Es tiempo de acabar con actitudes xenofóbicas y entender que cada persona tiene derecho de vivir donde encuentre una mejor oportunidad.

En los cuatro mares todos son hermanos.
Confucio

revitaliza

Lunes • 17   Desarrolla tu potencial

La creatividad se desarrolla poniéndola en práctica. El cerebro revitaliza las neuronas dormidas y crea nuevas redes que generan más ideas, es como cosa de magia. Ahora que comienza a saberse que los "quantos" pueden ser partículas, átomos, neuronas o lo que sea, trabaja en incrementar tu productividad, pero no únicamente la que es generada por el trabajo físico. Dedica tu energía a imaginar ¿Y qué tal si...? Buscando soluciones diferentes, muchas cosas surgirán.

El cerebro es una maquinaria perfecta, pero utilizamos tan sólo una pequeña parte de su capacidad. Decide incrementar su trabajo dándole más en qué pensar.

Martes • 18   Innova destacándote

Estar a la moda está bien, imponerla está mejor. Buscando el sentido de pertenencia todos acabamos pareciéndonos al resto de la personas, sin lograr una personalidad que inspire o destaque. ¿Por qué no ser tú quien imponga una nueva forma de vestir, de peinarte, de actuar, de pensar? Y si vas a seguir la tendencia, que sea la de aquellos que hacen el bien, la de los que utilizan su fama para mejorar al mundo y las condiciones de vida de los que sufren, de los marginados y de los desposeídos.

Ricky Martin a favor de los niños, Bono en pro de la humanidad, Angelina Jolie, embajadora de la paz y muchos más han decidido ayudar por el sólo motivo de hacer el bien.

agosto						
l	m	m	j	v	s	d
					1	2
3	4	5	6	7	8	9
10	11	12	13	14	15	16
17	18	19	20	21	22	23
24	25	26	27	28	29	30
31						

Miércoles • 19 — Llena de vitalidad tu mundo

Si éste o cualquier otro día amaneces sentimental y bajo de energía, prepárate una infusión de canela, jengibre, una pizca de nuez moscada y miel de abeja, pues todos estos ingredientes tienen el poder de revitalizar. Bebe un poco y deja hirviendo el resto para que los vapores aromáticos limpien y purifiquen el ambiente. Entiende que no siempre puedes ser el salvador del mundo, que algunos asuntos están mejor si se les deja solos y no se apresuran. Ejerce un cauteloso optimismo y distingue si algo que te ofrecen brilla pero no es oro.

Atiende a tu sexto sentido, eso que llamamos corazonada: la intuición nunca falla.

Jueves • 20 — Observa con atención

Pon atención a todo lo que te rodea, aprende a mirar, a observar el panorama completo. La apertura del tercer ojo se trata exactamente de eso, de apreciar toda la imagen completa, en lugar de concentrarnos únicamente en los detalles; cuando así lo hacemos obtenemos las herramientas para entender y no enjuiciar a la ligera. Para abrir este entendimiento, necesitas tomar conciencia de que sabes lo que sabes, aplicar tu sabiduría para poner en la balanza lo que detenidamente has observado.

Luna nueva
El Sol y la Luna están en conjunción. Ying y Yang en balance perfecto.

La atención es la aplicación de la mente a un objeto.
Jaime Balmes

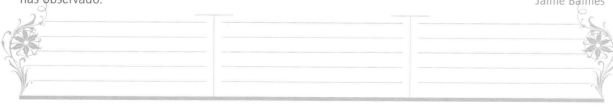

revitaliza

Viernes • 21   Reúne a viejos amigos

Tantos momentos están ligados emocionalmente con personas del ayer, compañeros de la escuela, vecinos del viejo barrio, colegas del trabajo con los que a veces se convive más que con la misma familia y que de tanto estar juntos se convierten en confidentes, aliados, amigos. Revitaliza el lazo que aún los une en el recuerdo, organiza una comida o reunión y revive las anécdotas e historias que han forjado parte de tu vida. Hazte presente mostrando tu mejor cara, con suerte y hasta una buena oportunidad puede surgir.

Perdona en tu alma a aquel que te hirió; cuando le quitas dolor a un recuerdo te purificas por dentro.

Sábado • 22   Comprende todas las formas
Comienza Ramadan

Empieza el Periodo Santo del Año Islámico. Durante un mes los musulmanes realizarán un ayuno total desde que sale el Sol hasta que se oculta, en el ayuno no se consume ningún tipo de alimento o bebida, incluso agua; también están prohibidas las relaciones intimas. La abstinencia incluye todo lo que sea mala palabra, mal acto y mal pensamiento, en este tiempo, deberán ser más generosos que de costumbre y perdonar a quien les insulte o agreda. Este es un periodo de acercamiento a Alá, a Dios, un ejercicio de auto control, de purificación, de fortaleza, agradecimiento y caridad.

El ayuno también trae beneficios al cuerpo y la salud eliminando toxinas.

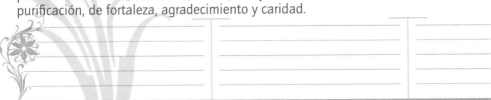

agosto   2009

agosto						
l	m	m	j	v	s	d
					1	2
3	4	5	6	7	8	9
10	11	12	13	14	15	16
17	18	19	20	21	22	23
24	25	26	27	28	29	30
31						

 150

Domingo • 23 Define tus objetivos

La falta de claridad en lo que queremos y hacia dónde nos dirigimos, da lugar a retrasos y a tomar caminos que no son los adecuados desviándonos del final, a veces definitivamente. Es mejor tomarse el tiempo necesario para definir la ruta tomando en cuenta que no siempre existen los caminos rectos, que muchas veces las curvas nos distraen, que se puede terminar el combustible y que también hay que parar y descansar. Mantente atento en todo momento, fluye con las circunstancias para que trabajen a tu favor y mira si alguien puede acompañarte y ayudarte en el trayecto.

Está bien pedir ayuda, no hacerlo sería como estar en una fiesta y no bailar.

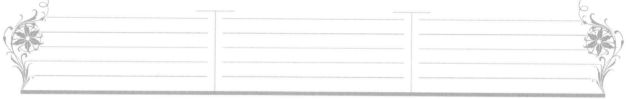

Lunes • 24 Espera cada cosa en tu tiempo

Es verdad que todos quisiéramos amar y ser amados, que merecemos experimentar ese sentimiento revitalizante que es parte de nuestra esencia, pero también es bueno entender que en ocasiones es mejor estar solo, pues necesitamos enfocar toda nuestra atención en otros asuntos y que a veces el enamoramiento nos distrae de la verdadera senda. Ten por seguro que un buen amor llegará a tu vida, porque así está destinado, porque así debe ser.

Marte en trino con Júpiter y la Luna te dan fuerza y esplendor. Venus y la Luna en cuadratura te vuelven hoy muy sentimental especialmente en lo relativo a dificultades con romances o la falta de amor.

Un buen amor es aquel que te apoya, te hace crecer, te trae paz y alegría a tu vivir.

revitaliza

Martes · 25   Utiliza tus habilidades

Los grandes negocios surgen de ideas relacionadas con lo que a uno le gusta hacer y la identificación de una necesidad y de una oportunidad de mercado. Así fue como un día una mamá decidió preparar papillas de bebé a granel, una esposa desesperada por el mal aliento de su marido creó una fórmula con clorofila, alguien añadió pegamento al papel para notas o escribió frases graciosas en listones que se amarran como pulseras. Busca esa área de oportunidad haciendo uso de tus habilidades. Con amor y esmero tú también puedes crear un concepto millonario.

Piensa creativamente, pon tu intención, tu atención, tu emoción, actúa amorosamente y triunfarás.

Miércoles · 26   Camina con dirección

¿Quo Vadis? ¿A dónde vas? Sin brújula, mapa y destino conocido, lo más probable es terminar en un paraje inhóspito o peligroso, víctima de insolación o simplemente bastante alejado del sitio al que querías llegar. Diariamente, antes de comenzar tu jornada, organiza mentalmente o por escrito las actividades del día y verás cómo comienzan a acomodarse y distribuirse aparentemente solas. Ya sabes: comienza por lo más importante, y de eso, lo más urgente.

No dejes que te lleve el viento, una cosa es fluir y otra muy diferente dejarse arrastrar. Controla tu propia vida, dale dirección.

agosto 2009

| **agosto** | | | | | | |
l	m	m	j	v	s	d
					1	2
3	4	5	6	7	8	9
10	11	12	13	14	15	16
17	18	19	20	21	22	23
24	25	26	27	28	29	30
31						

 152

Jueves • 27 — Escribe el libro de tu vida

Luna creciente

Lo que ves, lo que sientes, lo que te rodea, el momento histórico que estás viviendo bien vale la pena de ser contado y reflejado a través de tus propias palabras. Los acontecimientos vistos desde tu óptica adquirirán un valor único si son descritos en tus memorias y quedarán como un fiel testimonio para el deleite e información de tus descendientes, de tus hijos, de tus nietos. Comienza desde ya a contarles en qué mundo te tocó vivir, cual es tu filosofía, qué aprendiste de la vida.

Las fotos son testimonios, describe en qué momento se capturó esa imagen.

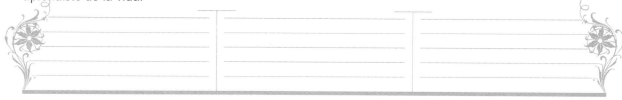

Viernes • 28 — Pon atención a tus mayores

Día del Abuelo

Los abuelos tienen la posibilidad de hacer con los nietos lo que no pudieron o no supieron con los hijos, en algunos casos, se dedican a malcriarlos y consentirlos, en otros tienen que ejercer la autoridad de los padres ausentes. Honra a tus mayores, dales la dignidad y el respeto que merecen por el simple hecho de haber rebasado lo que tú has vivido. Escúchalos con atención, dales tu tiempo, bríndales tu ayuda para que se sientan útiles, llegar a cierta edad no es convertirse en viejo, sino en mayor.

Dicen que más sabe el diablo por viejo, que por diablo.

revitaliza

Sábado • 29   Dilo sin miedo

Aprende a defender tu derecho a la libertad de expresión que es fundamental y uno de los más importantes en las constituciones de muchos países. A veces, te callas y te reprimes por quedar bien, por no molestar, por no mostrarte en desacuerdo y se vuelve una costumbre, tanto, que cuando tratas de opinar sobre algo, se extrañan o simplemente no te hacen caso. Habla, di lo que sientes y piensas, sobre todo a tus seres queridos.

Exprésate con firmeza pero sin agresividad, el tono dice más que las palabras.

Domingo • 30   Fluye cautelosamente

Es verdad que hay que expresarse, que hay que hablar, especialmente de lo que a uno le afecta, pero también lo es que hay que aprender a callar. Si la situación no te pone al borde del abismo, si no es un tema de vida o muerte, mantén la prudencia y da la media vuelta. El momento de aclarar malentendidos ha de llegar cuando ambas partes estén calmadas y existan las condiciones para el entendimiento.

La Luna y Plutón, en oposición a Marte te sugieren que hoy no trates cuestiones relacionadas con modos de ser o de actuar.

La sabiduría consiste en prever las consecuencias.
Norman Cousins

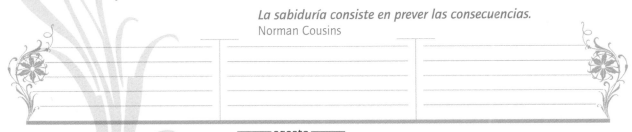

agosto   2009

agosto						
l	m	m	j	v	s	d
					1	2
3	4	5	6	7	8	9
10	11	12	13	14	15	16
17	18	19	20	21	22	23
24	25	26	27	28	29	30
31						

 154

Hoy es hoy

Convierte las experiencias del pasado en un trampolín, no te quedes regodeándote en las que fueron malas o dudosamente positivas como si fueran un cómodo diván o mullido sofá. Recuerda que los seres humanos somos paradójicos y vivimos en la imaginación, porque el pasado ya sólo existe en nuestra mente y el futuro también, puesto que aún no ha llegado y quizá no llegue en la forma que planeamos rígidamente. Vive el hoy, el aquí y el ahora.

No paséis el tiempo soñando con el pasado y con el porvenir; estad listos para vivir el momento presente.

Mahoma

OM

Representa el impronunciable nombre del creador y armonizador de todas las energías. Es considerado el sonido primordial, del que emergen los demás sonidos. Los vedas afirman que quien pronuncia la sílaba OM, dicha desde lo profundo de sí mismo, atravesando el asiento del fluido de la vida y el corazón, obtendrá todo lo que desee. El OM es el símbolo de lo esencial, de la unidad con lo Supremo, la unión de lo físico con lo espiritual.

revitaliza

7 claves para evolucionar

El calendario maya señala el año 2012 como el último. Los que tenemos el alma alegre creemos que este final se refiere al del estado de conciencia, que debemos evolucionar para traspasar la barrera de las dimensiones, alcanzando un nivel superior que nos empate con la nueva vibración cósmica. Se trata pues de una nueva forma de pensar, de actuar, de vivir.

Esencialmente esta conciencia debe dirigirse a entender que un suspiro es suficiente para alterar el ritmo del universo, que la acción de uno afecta a los demás, que los movimientos de todos dirigidos hacia un fin serán suficientes para renovar todo lo que se ha dañado, que la luz de uno en conjunción con la de otros devolverán la armonía perdida. Que tu inspiración sea procurar el bienestar global.

- No **juzgar.** Entender que cada quien tiene sus motivos, aunque no nos gusten.
- **Intención.** Poner toda la determinación en lo que se piensa y hace.
- Trabajar en **consecuencia.** Aplicar congruencia entre el pensamiento, el sentimiento y la acción.
- Prestar **atención.** Mirar bien el panorama completo y no solamente fragmentos.
- Buscar el **bienestar** general. Colaborar con la parte que corresponde, poniendo todo el empeño en ser y hacer mejor.
- Abrir el **entendimiento.** Comprender que hay mucho más allá de lo que se puede ver.
- Vivir en **armonía.** Fluir con los ritmos cósmicos, hacerse uno con el planeta.

septiembre

evoluciona

Hemos entrado velozmente a la nueva era, o tal vez siempre hemos estado en ella y apenas ahora lo entendemos; de cualquier manera, el futuro es hoy, sorprendiendo con múltiples novedades, acelerando y modificando las formas establecidas.

Nuevas y antiguas teorías encuentran puntos de convergencia, lo que se sabía se comprueba, lo que se escondía se devela. Ante tan contundentes expresiones nuestra esencia encuentra su alineación, fluye, influye y se conecta. Todas las predicciones apuntan hacia un mismo punto: la evolución como única opción de progreso, de trascendencia e iluminación. Evoluciona.

Martes • 1

Aprende algo nuevo cada día y siempre serás joven

Siempre estamos a tiempo de empezar lo que nunca pudimos hacer, de continuar lo que se quedó en el camino, de sortear lo que nos detiene, de cambiar. Ponte como meta aprender diariamente algo diferente, desde una palabra en el diccionario hasta una carrera profesional. Aquel que mantiene la ilusión de saber algo nuevo se mantendrá siempre joven en mente, cuerpo y espíritu.

Con ocho planetas en signos de aire y tierra, tu pensamiento puede volar.

Vivir entre la juventud y amar a los niños hasta el instante de nuestra muerte.
Sarcey

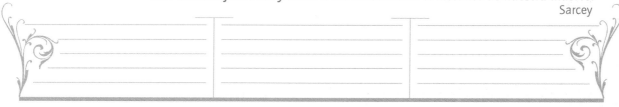

Miércoles • 2

Respeta otras opiniones y crecerás

En un mundo cada vez más comunicado, es imposible seguirse manteniendo al margen y no aceptar que lo que antes parecía ya no es y que sólo seguirá siendo lo que siempre ha sido. Abre tu mente a diferentes creencias y opiniones, si no concuerdas con ellas, date la oportunidad de no juzgarlas y desecharlas. Reconocer que no eres poseedor de la razón absoluta te acercará más a la fuente de energía creadora, expandiendo tus horizontes.

No destruyáis las creencias que hacen a otros felices, si no podéis inculcarles otras mejores.
Lavater

septiembre

l	m	m	j	v	s	d
	1	2	3	4	5	6
7	8	9	10	11	12	13
14	15	16	17	18	19	20
21	22	23	24	25	26	27
28	29	30				

Jueves • 3 — Los demás son un reflejo de ti mismo

Pon atención a la gente que te rodea, pues son un espejo de ti mismo y de tus actitudes hacia ellos. Lo que más admiras y odias en otras personas son características que en algún grado también posees. Trata a los demás como te gustaría ser tratado, porque como ellos se comportan contigo es un reflejo fiel de lo que tú les inspiras. Se bondadoso y generoso tanto en lo material como en lo espiritual, comparte lo que tienes y lo que eres.

Todo lo que va hacia un lado regresa en su exacta dimensión al otro.

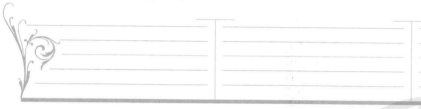

Viernes • 4 — Atrae poderosamente

Todo en este día incita al amor, la fusión energética de Venus y la luna llena atraerán a ti lo que desees con el corazón. Si andas en busca de un amor, cubre con miel de abeja una veladora roja, diseña en tu mente a tu alma gemela, expresa tu deseo y cuando la enciendas lanza tus deseos al infinito. Si tienes pareja, agrega azúcar y canela en polvo a la miel, repitiendo mental y verbalmente su nombre y después el tuyo, ten clara tu intención de unión, enciéndela y déjala consumir.

Luna llena (10:03)

Está científicamente comprobado que las feromonas naturales o sintéticas son un poderoso afrodisíaco.

evoluciona

Sábado • 5   Prueba un sabor nuevo

Hoy será el día en que rompas con limitantes personales que bloquean tu desarrollo para darte un impulso hacia tu evolución. Tú decides de qué tamaño será el salto, pues sólo tú tienes el poder para liberarte de auto restricciones. Por ejemplo, prueba un sabor diferente, algún alimento que desde siempre te negaste o te negaron, decide no decir no, a veces nos hacemos ideas acerca de las cosas que según nosotros no nos gustan aunque jamás las hayamos probado.

Experimentar nuevas sensaciones abrirá tu capacidad para recibir experiencias enriquecedoras.

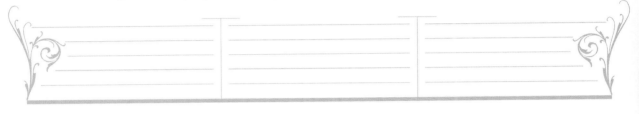

Domingo • 6   Seduce artísticamente

El arte es la expresión palpable de las emociones más profundas, es un instrumento de liberación de los sentimientos, cualesquiera que estos sean. La influencia astrológica invita a exteriorizar con armonía, éste sería entonces un buen día para componerle una canción a tu ser querido, para escribirle un poema o plasmar en un lienzo tu sentir, recuerda que la intención es reafirmar.

Es más bello el regalo que se hace desde el alma y con nuestras propias manos.

septiembre						
l	m	m	j	v	s	d
	1	2	3	4	5	6
7	8	9	10	11	12	13
14	15	16	17	18	19	20
21	22	23	24	25	26	27
28	29	30				

Lunes • 7   Libérate aprendiendo a decir NO

Transforma la negatividad de un no en un recurso positivo. Escucha tu corazón y deja que tu sexto sentido decida cuándo negarse amorosamente. El Universo te premiará en un futuro recibiendo la verdad con el mismo amor y sin falsas expectativas.

No es necesario entrar en explicaciones,
un "No, gracias" de forma amable es muy claro.

Saturno en Virgo, donde estará un buen tiempo, te proporciona todos los pretextos para que analices tu entorno y decidas con sabiduría y poder lo que ya sabes que debes cambiar.

Martes • 8   Escucha a los mayores

Escuchar a los más grandes, con el corazón abierto, sin juzgar y con el deseo genuino de aprender te abrirá un mundo de satisfacciones y conocimientos nuevos, convirtiéndote al mismo tiempo en un instrumento que llevara alegría a quien vertió sus experiencias en ti. Si te propones disfrutar de la conversación, encontrarás enorme gozo al descubrir que cuando los viejos se sienten apreciados por los más jóvenes, recuperan la energía desgastada y rejuvenecen.

*Las canas no hacen más viejo
al hombre, cuyo corazón no
tiene edad.*
Alfred De Musset

evoluciona

Miércoles • 9 Únete en la oración mundial

9-9-9

Hoy es un día mágico lleno de significados. 9-9-9. El 9 es el número del todo y de la nada, significa la búsqueda de la espiritualidad, del amor universal, de los reinos desconocidos, de la vida eterna. Nueve son los planetas (contando a Plutón) pero sobre todo, nueve meses de embarazo, en los que la madre ha incubado en su interior el bien oculto. Es tres veces tres, la Divina Providencia a su máxima expresión. Éste es un día benéfico, libera tus mejores sentimientos.

A las nueve de la mañana únete en una oración mundial por el bienestar del planeta.

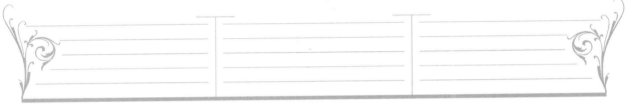

Jueves • 10 Da la espalda a la piratería

Cuando compramos una falsificación o producto pirata, contribuimos a la pérdida de empleos, a que la creatividad y dones artísticos desaparezcan y nos hacemos cómplices de acciones oscuras. Comprar y usar falsificaciones, es querer engañarnos a nosotros mismos, pretender que tenemos lo que no, a sabiendas de que al obtenerlo participamos en una acción dañina. Esto aplica a discos, películas, ropa y accesorios, entre otras cosas.

Tu artista favorito es el primer dañado por la piratería.

l	m	m	j	v	s	d
	1	2	3	4	5	6
7	8	9	10	11	12	13
14	15	16	17	18	19	20
21	22	23	24	25	26	27
28	29	30				

septiembre

Viernes • 11 — Armonízate con el amor

Si vives en pareja, asegúrate que tu cama tenga una cabecera fija para darles sustento y estabilidad, si tu colchón king size tiene la base divida en dos, amarra un listón rojo alrededor de forma que las ate energéticamente en una sola unidad. No olvides colocar cuarzos rosas bajo la cama para armonizar la relación.

Si estás en busca de un buen amor, coloca un pedazo de ámbar bajo tu almohada cada noche.

Luna menguante
Saturno, Marte, Mercurio, el Sol, Urano, Plutón, Júpiter y Neptuno, están poco armonizados. Cuida mucho lo que dices en tu casa, especialmente a tu pareja. Hoy sé prudente y no trates de terminar cosas sin analizarlo muy bien.

Sábado • 12 — Contribuye a un mejor ambiente

La acción de cada persona sumada a otras iguales logra cambios importantes en la ecología. Colabora evitando contaminar: mientras esperas en el auto apaga el motor, camina en vez de conducir. La contaminación auditiva también es dañina y contribuye a ensuciar nuestras emociones, no toques el claxon en todo momento, su función es alertar, no anunciar que llegamos, que vamos a cruzar la calle o que nos enojamos con la persona de al lado.

Cuando subas a tu coche aplaude tres veces para eliminar partículas negativas en su interior.

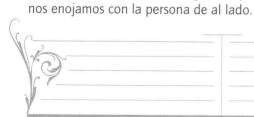

evoluciona

Domingo • 13   Recicla y comparte

Todavía estás a tiempo de donar útiles escolares y libros en buen estado, o de intercambiarlos con otras personas. También puedes hacer una reunión con amigas, donde cada quien lleve y cambie lo que ya no usa a pesar de estar como nuevo. Películas, electrodomésticos, libros, ropa, muebles, y otros artículos que vamos almacenando con el tiempo, atoran la energía positiva. El trueque es una buena forma de hacerse de nuevas cosas, favoreciendo a ambas partes.

La alegría de hacer está en sembrar, no está en recoger.
Jacinto Benavente

Lunes • 14   Cambia las partículas de tu mundo

Todas las acciones, palabras, pensamientos e imágenes positivas ejercen efectos benéficos. Un científico japonés descubrió que ciertas expresiones de ánimo podrían quedar reflejadas en la belleza de la estructura del cristal de hielo, que las moléculas del agua se armonizan cuando escuchan cierta música o se someten a vibraciones positivas como una palabra: amor, felicidad, prosperidad. Todo es según la intención.

Para armonizar tu entorno decide hablar bonito y usar expresiones positivas.

septiembre

l	m	m	j	v	s	d
		1	2	3	4	5	6
7	8	9	10	11	12	13
14	15	16	17	18	19	20
21	22	23	24	25	26	27
28	29	30				

 164

Martes • 15   Consume arándanos

El arándano -cranberry- contiene antioxidantes que fortalecen el sistema inmunológico y revitalizan, previenen las infecciones en vías urinarias y ayudan a combatir las enfermedades cardiovasculares. Estudios en mujeres con cáncer ovárico demostraron que el jugo de esa fruta incrementó seis veces el poder de los medicamentos contra el cáncer. Además ayuda a retrasar la aparición de arrugas y a mantener un cutis más fresco.

Un vaso de jugo de arándano cubre el requerimiento diario de vitamina C.

Miércoles • 16   Respeta otras creencias

Aniversario de la Independencia

Cada quien encuentra su luz y su camino de diferente manera. Aléjate del impulso de reprobar o hacer mofa de los pensamientos ajenos por muy ridículos que estos te parezcan. El que otros piensen tal o cual cosa y tu distinto, no significa que ellos estén mal y tu bien, después de todo ¿Quién tiene la razón absoluta? ¿Quién es poseedor de la verdad? Evita argumentos sobre creencias, cada quien lleva su espiritualidad de manera única.

El espíritu del hombre o el intelecto, tiene de Dios su naturaleza inmortal, invisible, absolutamente activa, porque el espíritu es lo que se mueve por sí mismo.
Pitágoras

evoluciona

Jueves • 17 — Atrae alegría y comprensión

Aplica la Ley de la Atracción en su forma positiva, recuerda que lo que piensas y dices es lo que acercas a tu vida, evita lamentarte y quejarte en cualquier situación, pero especialmente en la casa y la familia. Atrae armonía, expresando armonía.

Sol y Saturno en conjunción exacta, muy poderosa, se oponen a Urano y cuadran a Plutón recién llegado a Capricornio. Excelente oportunidad para inventar métodos novedosos para ser feliz y no dejarse llevar por el pesimismo.

LaLey de Atracción o magnetismo, funciona en todas las cosas, piensa y habla positivamente.

Viernes • 18 — Prepárate para renacer

Luna nueva que da paso al nuevo año judío, al aniversario de la creación del Universo, que ofrece la oportunidad a todos de ser creados de nuevo en este momento del año, pero también de arrepentirse, acercarse más a Dios y realizar buenas acciones. Alinéate con este momento y une tus oraciones por un mundo mejor, en el que tú colaboras integralmente con la intención de generar más y mejor para el bien global.

Luna nueva

Prepárate internamente para realizar buenos actos.

septiembre 2009

septiembre						
l	m	m	j	v	s	d
	1	2	3	4	5	6
7	8	9	10	11	12	13
14	15	16	17	18	19	20
21	22	23	24	25	26	27
28	29	30				

 166

Sábado • 19   **Festeja el Año Nuevo judío 5770**

Rosch Hashanah

Las palabras Rosh Hashanah literalmente significan La cabeza del año y es simbólicamente el aniversario de la creación del Universo, pero también el Día del Juicio de Dios. Ésta es la oportunidad, según los cabalistas, de recomenzar puro y nuevo, con la fuerza de la parte de nosotros que permanece en la luz y fuera de la oscuridad. Pide por el bien del mundo y realiza acciones acorde con esta nueva conciencia.

Un platillo tradicional son las manzanas con miel que simbolizan el deseo para que el año que empieza sea dulce y próspero.

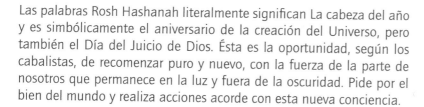

Domingo • 20   **Reflexiona**

Rosch Hashanah

Hoy continúa la celebración del Año Nuevo Judío 5770, en el que Dios juzgará a cada quien de acuerdo a sus fallas y a su arrepentimiento. Una gran lección de esta época es entender que aunque no somos perfectos, podemos ser cada día mejores, que debemos desarrollar todo nuestro potencial y que únicamente se está en peligro cuando no se hace nada por desarrollar el 100% de quien realmente se es.

Reflexión: ¿Estoy tomando responsabilidad y conciencia de cada uno de mis actos?

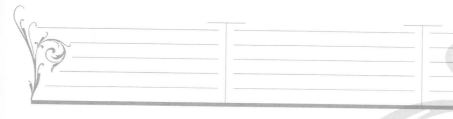

evoluciona

Lunes • 21   Sé dueño de ti mismo

Día Internacional de la Paz

Aprende a no ser un esclavo, pero tampoco un amo tirano. Dale a tus semejantes el trato que te gustaría, el amor que deseas recibir, el respeto que mereces, la comprensión que te ponga realmente en sus zapatos pero abstente de juzgar, de pontificar, de dar consejos sin que te los pidan. Sé un pilar de fortaleza, un árbol que cobija y da frutos, pero aprende a ser suave, maleable y flexible si las circunstancias de la vida así lo van marcando.

Recuerda que cada quien camina al ritmo de un diferente tambor.

Martes • 22   Comienza la cosecha

Tiempo de cosechar lo que se sembró con intención, pero también de preparación mental, física y anímica para el invierno. El otoño con su abundancia nos invita a guardar para los tiempos difíciles y a iniciar una preparación para la introspección, para regresar al hogar interior. Empieza la época de guardar, de preparar conservas, de tejer cobijas para el frío, de ahorrar. Cambian los colores del cielo y de la tierra, cambia tú también.

Equinoccio de otoño (15:19)

Armonízate con la energía de otoño, coloca platones con semillas, canela y clavo de olor en tu casa, enciende una veladora naranja.

septiembre

l	m	m	j	v	s	d
	1	2	3	4	5	6
7	8	9	10	11	12	13
14	15	16	17	18	19	20
21	22	23	24	25	26	27
28	29	30				

Miércoles • 23 · Aumenta tu capacidad

Dice el que sabe, que mientras más sabe, se da cuenta que de saber, nada sabe. Una conciencia despierta aprovecha cada nueva oportunidad para iniciar con ánimos renovados, para vaciarse de todo lo que le estorba y volver a llenar, pero con intención. Aumenta tus capacidades, desarrolla tu potencial, abre tu mente a nuevas ideas, acepta lo que no conoces, proyecta tu energía, decide transformar y transformarte.

No basta con saber,
también hay que aplicar.
No basta con querer,
también hay que actuar.
Goethe

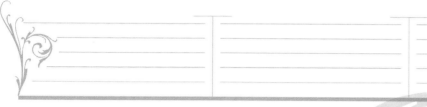

Jueves • 24 · Decide conscientemente

Descripción de un día: de aquí para allá, todo como si anduvieras en patines o pudieras volar. Te levantas, te bañas, desayunas, al tráfico, al trabajo, más tráfico, a la casa, a la televisión, a dormir.... ¿Y a qué hora piensas? Porque si no lo haces no decides, eres víctima de las circunstancias, otros se ponen al frente y dirigen tu existencia, te llevan adonde ellos quieren, y lo peor es que posiblemente tampoco saben a dónde van. Salte de la fila. Analiza y decide. Vive en conciencia.

El Sol recién estrenado en Libra te proporciona equilibrio.

Evoluciona: revisa cuántas cosas haces por hábito y cuántas por decisión personal.

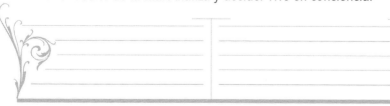

evoluciona

Viernes • **25**   ## Aplica la prudencia

Luna creciente

El "franco" por decir lo que primero se le ocurre, a veces lastima irreversiblemente con sus palabras. Hoy aprendamos que franqueza no consiste en decir todo lo que pensamos, sino en pensar todo lo que decimos, ser éticos y absolutamente congruentes con lo que expresamos notando la viga en nuestro propio ojo y no la paja en el ajeno. Analizar lo que se dice y expresar opiniones sin dogmas, ofensas ni creyendo que se posee toda la verdad es la tarea de este día.

Más podemos conocer de una persona por lo que ella dice de los demás, que por lo que los demás comentan de ella.
Emerson

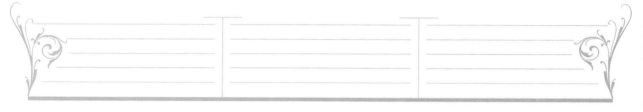

Sábado • **26**   ## Filtra tus emociones

Instala en tu corazón un filtro de amor para que todo lo que veas se tiña con dulzura y comprensión. El poder transformador del perdón está presente para sanar las emociones negativas que pudieran permanecer en ti, dando paso al fuego del espíritu generador de armonía, libertad, igualdad, abundancia y convivencia en paz. Enciende inciensos y deja fluir tus peticiones, el humo eleva las oraciones.

Inciensos florales, de miel, pachulí, sándalo e ylang ylang, propician el amor.

septiembre   2009

septiembre

l	m	m	j	v	s	d
	1	2	3	4	5	6
7	8	9	10	11	12	13
14	15	16	17	18	19	20
21	22	23	24	25	26	27
28	29	30				

 170

Domingo • 27   Deshazte de lo que te estorba

Con la puesta de sol, da inicio la celebración judía del Yom Kippur, o Día del Perdón, última oportunidad de reconciliarse con Dios por los pecados cometidos. Esta fecha es muy solemne, se inicia una vigilia total de 25 horas. Haz tú también una revisión de tus actos para entender qué te está retrasando en el camino y que puedes mejorar para convertirte en una mejor persona, únete a la fuerza de luz que busca y propicia el bienestar del mundo.

Un pequeño movimiento es suficiente para inclinar la balanza hacia un lado o al otro, escoge hacia dónde la quieres mover.

Lunes • 28   Prepárate espiritualmente

Yom Kippur

El Día del Perdón para los judíos es la última oportunidad de reconciliarse con Dios para ser anotado y sellado favorablemente. Sólo se juzgan los actos del hombre a Dios, ya que los pecados contra otros deberán ser resueltos mediante la reconciliación, enderezando las malas acciones cometidas contra esa persona.

En el último instante antes de dormirte comunícate con tu ángel guardián y entrega en sus manos cualquier proyecto, preocupación o decisión que debas tomar para que al día siguiente te manden las señales que lo resolverán para bien. Esto, que es importante cualquier día, cobra mayor relevancia hoy, víspera del día de los Arcángeles.

evoluciona

Martes • 29   Pide la protección angelical

Miguel, Gabriel, Rafael y Arcángeles.

Hoy recibirás las soluciones a lo que pediste ayer. Honra a los siete Arcángeles poniéndoles veladoras, flores frescas, cuencos con agua y, sobre todo, evitando juicios, confrontaciones, animadversiones y malas palabras o pensamientos, por el contrario, busca la manera de hacer el bien, todas las buenas acciones serán recompensadas. Que este día sea de paz y armonía. De felicidad total.

Miguel procura la justicia y protección. Gabriel trae las buenas noticias. Rafael cuida la salud.

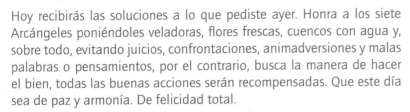

Miércoles • 30   Eleva tu energía espiritual

Ayer seguiste el sendero de las pirámides de energía y aunque no te hayas dado cuenta visitaste las mansiones sagradas del infinito. Hoy tus seres de luz demandan que rectifiques creencias erróneas y elimines las limitantes ideas de pobreza, falta de valor personal, miedo y supersticiones. Elévate y triunfa.

Los judíos, católicos, musulmanes y hasta los hindúes creen en la existencia de los ángeles.

Algunas ideas nuevas que tienes para aplicar en tu trabajo serán rechazadas al principio, pero darán fruto si aprovechas la conjunción del maestro Saturno con la inteligencia de Mercurio y Urano, en buen aspecto hacia Marte.

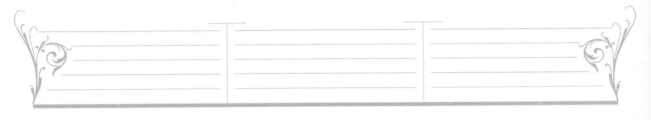

| **septiembre** | | | | | | |
l	m	m	j	v	s	d
	1	2	3	4	5	6
7	8	9	10	11	12	13
14	15	16	17	18	19	20
21	22	23	24	25	26	27
28	29	30				

octubre

acepta

Abrir el corazón y la mente a todo lo que nos rodea, entender que existen otras formas y conceptos, dejar ir amorosamente, soltar, desapegarse y agradecer humildemente son algunos de los conceptos que motivarán esta temporada.

El Universo con su infinita prosperidad nos regala su luz para brillar intensamente, colócate donde nada impida que recibas su esplendor, acepta tu condición divina: todo te está dado, fuiste creado por la misma fuente que hizo las estrellas y las flores.

Vive a plenitud, con la convicción de que la buena fortuna camina a tu lado, que la prosperidad y la abundancia están esperando por ti, que si pides, tu voz será escuchada, que todo lo mereces y por eso te muestras agradecido. Acepta.

Jueves • 1 — Aceptarse es amarse

Nadie es perfecto, pero no se vale escudarse en esta frase para seguir haciendo lo que nos ha bloqueado el camino. Defectos y virtudes conforman la esencia humana, ser consciente de quién eres, sin ser magnánimo ni cruel, es aceptarte en tu entera dimensión. La decisión está en saber reconocer tu propia esencia, decidiendo alejar actitudes y pensamientos desfavorables para darle luz a tus virtudes y atributos.

Reconocerte y amarte atraerá energía idéntica en vibración.

Viernes • 2 — Acepta la luz

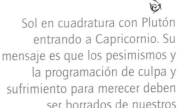

Decreta hoy: "Yo soy luz, yo soy amor, yo soy armonía. Soy uno a semejanza con mi Creador y merezco todo lo bueno, a partir de hoy recibiré y agradeceré con una sonrisa lo que me traiga el destino, pues sé que es bueno para mí y lo construí con mi intención. Daré las gracias a quien me ofrezca una frase de aliento o me halague en cualquier forma, pero sobre todo, aceptaré feliz los dones que se me han otorgado".

Sol en cuadratura con Plutón entrando a Capricornio. Su mensaje es que los pesimismos y la programación de culpa y sufrimiento para merecer deben ser borrados de nuestros archivos mentales.

Todo lo mereces y todo lo tendrás.

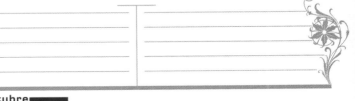

octubre 2009

octubre

l	m	m	j	v	s	d
			1	2	3	4
5	6	7	8	9	10	11
12	13	14	15	16	17	18
19	20	21	22	23	24	25
26	27	28	29	30	31	

 174

Sábado • 3   Elige tus pensamientos en el amor

Cuando estamos enamorados todo en nuestra pareja nos parece ideal, miramos a esa persona con ojos selectivos y sólo vemos lo que nos gusta. Cuando la llamarada baja su intensidad, descubrimos lo malo que antes estaba oculto. Si quieres mantener la relación fresca, dale más poder en tu mente a lo que te cautivó en un inicio, porque esas cualidades siguen allí. Tú eliges con qué pensamientos te quedas y a cuáles les das más peso.

Coloca a la vista fotografías de la pareja en momentos de extrema felicidad para mantener la energía del amor.

Domingo • 4   Pide en la Luna de octubre

La aceptación es una puerta mágica que deja afuera a los problemas abriéndose al bienestar y a las oportunidades. Incluso en las situaciones que parecen no tener solución, la oportunidad de decidir, de emprender ahí está. Y si te equivocas no te lamentes ni te culpes, el aprendizaje que recibiste es invaluable, aprovéchalo. La luna llena de octubre es la más bella y puede ser también la más mágica, la que te acerque a tus deseos e ilusiones.

Luna llena (00:10)
La sabiduría de Saturno y la inteligencia de Mercurio toman la fuerza de Marte para pulir algunas cosas que estaban desajustadas en las relaciones de la casa familiar.

Escribe en un papel tus objetivos, colócalos bajo una veladora plateada, concéntrate, enciéndela y deja consumir.

 acepta

Lunes • 5 — Perdona a quien te hirió

Uno de los doce pasos de recuperación de Alcohólicos Anónimos es elaborar una lista de las personas a las que se hirió para tomar conciencia y enderezar las cosas. Tú puedes hacer una lista con los nombres de las personas que te han lastimado y a las que decides perdonar. Quema el papel y sopla sus cenizas al viento, pidiendo que se lleve el rencor que aún quedaba en tu corazón, liberándote de energía negativa.

Cuando perdonas, eres tú el primer beneficiado. Comienza por perdonarte a ti mismo.

Martes • 6 — Deja una herencia para el mundo

Tú viniste al mundo para regocijo de muchos, con la obligación de dejarlo mejor que cuando llegaste y bajo el ineludible mandato de ser feliz, procurando la armonía de quienes te rodean a lo largo de tu caminar. Sigue derramando los dones que te dieron y que tú acrecentaste.

Sigue la magia de Saturno, Mercurio y Venus provocando éxitos y el Sol se pone de acuerdo con Júpiter para lanzar fuegos artificiales e inventar poesía.

Enfoca tus acciones al bienestar de los otros y del planeta.

octubre — 2009

octubre

l	m	m	j	v	s	d
			1	2	3	4
5	6	7	8	9	10	11
12	13	14	15	16	17	18
19	20	21	22	23	24	25
26	27	28	29	30	31	

 176

Miércoles • 7 Entiende la naturaleza humana

Debilidades, flaquezas, virtudes y fortalezas, hacen de cada quien un ser único. Aceptar y tratar de entender la naturaleza humana, te sintonizará con la fuerza vital, da a cada quien su importancia, trata a todos con respeto, pero mantente aparte de personas dañinas. Evita tomar posiciones entre dos que pelean, si en tu mano está lograr una reconciliación, sirve de enlace con la prudencia necesaria para no convertirte en juez ni verdugo.

El bien de la humanidad debe consistir en que cada uno goce de la felicidad que pueda, sin disminuir la felicidad de las demás.
Tomas Huxley

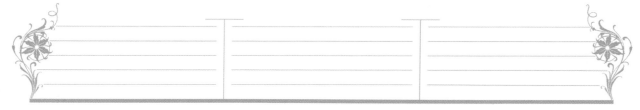

Jueves • 8 Acepta los elogios

A veces cuando nos elogian replicamos con algo que nos demerita en lugar de aceptarlo amablemente. Alégrate y agradece sinceramente los elogios y regalos que te brinden los demás. Si alguien te halaga es porque cree que lo mereces, si te regalan algo es porque quieren agasajarte. Acepta sin replicar y da gracias al Creador, por poner gente buena en tu camino, así generarás más de lo mismo.

Refuerza en los demás sus mejores cualidades, lo bonito de otros también lo tienes.

 acepta

Viernes • 9   Ocúpate de ti mismo

La vida no es simple, es una serie de trámites y negociaciones, de decisiones obligadas por ti o por otros desde el mismo día de tu nacimiento. No importa si eres joven o mayor, siempre hay tiempo para madurar. Que todo lo que realices tenga un propósito, no te dejes llevar por la corriente. Haz todo desde el fondo de tu corazón y no temas resultados adversos, ten fe, confía, no esperes más que tu propia satisfacción y, por supuesto, no te preocupes por la opinión de los demás, pues nadie se pone de acuerdo en todo ni juzga igual.

Agradar a los otros es agradable, agradarse a sí mismo es esencial.

Sábado • 10   Procúrate una mejor vida

Momento ideal para iniciar una dieta, eliminar malos hábitos de alimentación y dedicarle un tiempo diario al ejercicio. Nuestro cuerpo es el empaque del alma, es nuestro vehículo y morada, como tal hay que tratarlo, entendiendo que su larga vida dependerá del buen uso que le demos y del mantenimiento que le procuremos. No es aceptable decir que no nos gusta el deporte, que no sabemos o no podemos, hay que ponerlo en marcha para que no se oxide.

Ejercitarse no es ir a un gimnasio, es mantenerse en movimiento continuo por al menos una media hora diaria.

	octubre					
l	m	m	j	v	s	d
				1	2	3	4
5	6	7	8	9	10	11
12	13	14	15	16	17	18
19	20	21	22	23	24	25
26	27	28	29	30	31	

Domingo • 11   Recoge tu mejor cosecha

Sembraste la semilla, asegúrate que la tierra es adecuada, tiene el abono que corresponde a su especie y que la riegas con la temporalidad necesaria. Lo que germina es fruto de tu decisión, de tus conocimientos y de tu trabajo fecundo. Ahora ves que tu flor es la más bella, que te hace feliz y trae alegría a todos. El esfuerzo que involucra cuerpo, mente y espíritu siempre obtiene su recompensa.

Luna menguante
El Sol en equilibrio

Cada vez que te sientas orgulloso por lo que has logrado agradece humildemente.

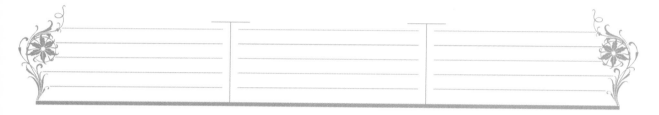

Lunes • 12   Celebra tu origen

Día de la Raza

Celebramos que en 1492 Cristóbal Colón llegó a América, esta fecha histórica marco la unión de dos mundos. Todos y cada uno somos diferentes, una fusión de razas y lugar de origen. A más de quinientos años de la gran conexión entre el viejo y el nuevo mundo enlazados por satélites e Internet, se siguen descubriendo tribus o pequeñas sociedades que se han mantenido vírgenes de lo que llamamos civilización. Enorgullecerte de tu origen étnico te hace aún más fuerte.

Aceptar que otros son diferentes, sin juzgar ni menospreciar, te conecta con la fuente de la creación.

acepta

Martes • 13   Recibe bendiciones

Acepta que hay milagros, pero no te sientes a esperarlos: búscalos, trata de ayudar a otros a encontrarlos, aunque te digan que la ciencia y las probabilidades están en contra, porque precisamente un milagro contradice el orden conocido y "natural" de las cosas. En el majestuoso conjunto de la creación hay noche, pero el sol sale todos los días, lo creas o no, lo desees o no, y esos astros, que de tanto estar allí a veces ni notamos, cuando los miramos a conciencia, no dejan de ser un milagro.

El milagro más grande es la vida. La tuya es el primer gran regalo.

Miércoles • 14   Haz de este día el más importante de tu vida

Hoy está prohibido levantarse sin saber adonde ir, tener miedo de actuar, evadir los problemas, olvidar los buenos recuerdos, abandonar la lucha y dejar atrás tus ideales, no convertir tus sueños en realidad, no vivir con fe, certeza, actitud positiva, saber que sin ti el mundo actual no sería el mismo. Levántate con el pie derecho, elige sonreír y no lamentarte, tú tienes el poder de hacer que este día sea único y especial.

El ánimo con el que amaneces es el que dirige tu día, que la alegría y la buena fortuna caminen a tu lado.

octubre 2009

octubre

l	m	m	j	v	s	d
			1	2	3	4
5	6	7	8	9	10	11
12	13	14	15	16	17	18
19	20	21	22	23	24	25
26	27	28	29	30	31	

180

Jueves • 15 Ocúpate sin preocuparte

Pre-ocuparse no significa sufrir a priori, sino ocuparse antes, por lo que debes evitar colocarte en posiciones desfavorecedoras. Ya aprendiste que si culpas a otros de un problema, te lamentas y torturas, sólo sirve para justificar que no fuiste capaz de evitarlo o de resolverlo satisfactoriamente. Acepta que tenga quien tenga la culpa, debes poner toda tu inteligencia y todo tu empeño en solucionarlo. Que no quede por ti.

Saturno en cuadratura con Plutón y opuesto a Urano, puede causar problemas.

Ni preocuparse, ni lamentarse. Vive a plenitud la parte que te corresponde en el tiempo correcto.

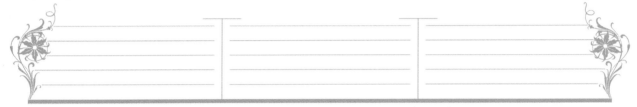

Viernes • 16 Acepta el amor en tu vida

En el día de Venus, día del amor, sintonízate con la energía adecuada. Si estás en pareja, acepta compartir los mismos retos y subir las mismas montañas aunque cada uno las mire de diferente forma, esto habla de un amor tan fuerte que es capaz de demostrar su fragilidad ante el temor a lo desconocido. Si estás solo y sales entusiasmado pero no desesperado en busca del amor, es probable que el amor te encuentre a ti primero.

Dicen que el amor llega cuando menos se le espera, pero hay que estar atento para mirarlo al llegar.

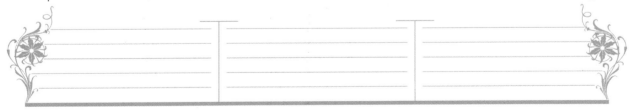

acepta

Sábado · 17   Conviértete en líder

Luna nueva

Ante la globalización, la migración, las nuevas generaciones mejoradas en todos los aspectos, es claro ver que el futuro del mundo está en manos de quienes son capaces de ver las transformaciones como un avance y no tienen miedo de vivir sus sueños como un alimento del alma y como el fuego que alimenta la energía para la búsqueda constante y el desafío ganado. Libérate del miedo ante la competencia. Si quieres que te sigan, ponte adelante.

Alienta en ti el deseo de sobresalir, de competir y de practicar lo que admiras en otros.

Domingo · 18   Desborda luz y amor

Aprovecha y estrecha lazos familiares, comparte tu luz. Cada momento pasa y no vuelve, es tu prerrogativa aprovecharlo y llenarte de cosas constructivas, amorosas, que te dejen satisfacción. Demuestra tu cariño abiertamente, agradece el haber nacido dentro de tu familia, haciendo obras buenas por ellos.

Saturno y Plutón pudieron causarte problemas hace unos días, pero hoy intervienen el Sol y la Luna juntos en Libra para arreglar diferencias y malentendidos.

Es mejor desgastarse de tanto dar amor, que arrepentirse de habérselo guardado.

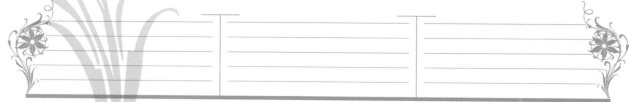

octubre

l	m	m	j	v	s	d
			1	2	3	4
5	6	7	8	9	10	11
12	13	14	15	16	17	18
19	20	21	22	23	24	25
26	27	28	29	30	31	

Lunes • 19   Alinéate con tus deseos

La mente es el instrumento más poderoso que tenemos, pues de ella provienen las ideas que nos alientan. Tus deseos son órdenes si los sabes dirigir, utiliza cada oportunidad para reafirmar tus pensamientos, por ejemplo, cambia la clave de tu computadora por una frase que simbolice lo que deseas: vivo en plenitud o mi trabajo atrae. La mente que se refuerza en una idea, se alinea con ella.

Expresa, escribe, piensa bonito y bonito llegará a tu vida.

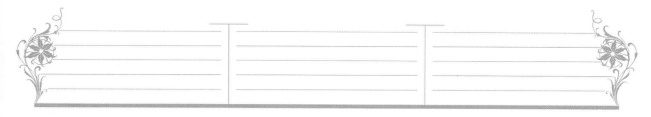

Martes • 20   Satisface tu yo interior

Si sabes que sabes, es bueno, pero si sabes dónde conseguir lo que no sabes, es mejor. Si aplicas lo que conseguiste, el triunfo es tuyo, si compartes el fruto de tus vivencias y compartes tus experiencias, el mundo será un lugar mejor. Tu legado será muy agradecido y apreciado, aunque de momento muchos no se den cuenta, lo único importante es que lo sepas tú, porque la máxima satisfacción es la que viene del interior.

El saber que se hizo el bien, no necesita de reconocimiento externo, es el alimento del alma.

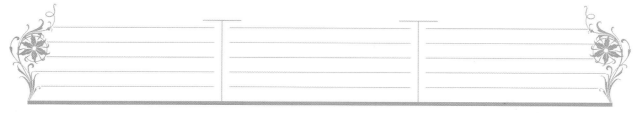

acepta

Miércoles · 21 — Rodéate de la influencia correcta

Los marcos de las fotografías que tienes en casa y oficina influyen en lo que proyectas. Marcos de madera, dan estabilidad y sensación de confianza. Los marcos metálicos, generan dominio pero también modernidad y vanguardismo. Los de cristal, seguridad en sí mismo y comunicación etérea. Los marcos con líneas redondeadas hablan de una persona amable y flexible, mientras que los cuadrados, expresan firmeza.

Los colores de los marcos también influyen. Rojo: poder y sensualidad, verde: prosperidad, amarillo: inteligencia, café: respeto, oro y plata: riqueza.

Jueves · 22 — Levántate con el pie derecho

En realidad no importa cuál es el primer pie que se deposita en el suelo, lo que sí influye es la actitud con que lo hacemos. Si suena el despertador y lo primero que haces es maldecir, esa será la energía que estés invitando como compañera del día. Toma conciencia de que esos pequeños detalles marcan tu vivir. Cambia la horrible chicharra por música, abre los ojos suavemente, respira profundamente inhalando conscientemente la primera energía positiva, sonríe y exhala agradecimiento porque tienes vida.

Abraza la alegría como forma de vida. El que vive alegre consigue amor, salud y prosperidad.

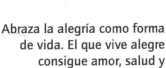

octubre 2009

octubre

l	m	m	j	v	s	d
			1	2	3	4
5	6	7	8	9	10	11
12	13	14	15	16	17	18
19	20	21	22	23	24	25
26	27	28	29	30	31	

184

Viernes • 23 — Pon tu granito de arena

A veces se discute por nimiedades, que se hacen verdaderas montañas de granos de arena y que se pierde el tiempo en cosas inútiles mientras las cosas buenas están ahí, esperando. Y si no ves cosas buenas, es tu gran oportunidad de crearlas comenzando a partir de hoy. Así cuando mires un mundo maravilloso, sabrás que tú contribuiste.

**Decide contagiar esperanza,
a que te contagien pesimismo.**

Este día está marcado por el amor de Venus, la inteligencia de Mercurio y la Luna en acuerdo con el Sol en el analítico intenso signo de agua Escorpio. Pudieras mostrarte más perspicaz que de costumbre.

Sábado • 24 — Unifícate con tu origen honrando a tus padres

Acepta tu genética, reconoce a tus ancestros y la herencia de tus padres. Tus rasgos y estructura física, tus modales y actitudes, hasta la educación y alimentación que recibiste de ellos determina buena parte de quién eres. La otra parte de ti la construyes diariamente con el poder de elección, siendo únicamente tú el responsable de acrecentar o disminuir esa herencia. Honra tu origen, agradece con palabras y acciones a tus padres.

Cada individuo colabora con todo el ser cósmico, lo sepamos o no, lo queramos o no... Todo lo que ha sido es eterno, el mar lo devuelve a la orilla.
Friedrich Nietzsche

acepta

Domingo · 25   Acrecienta tu imagen personal

Luna creciente

Los vuelos naturales del espíritu humano no van de placer a placer sino de una esperanza a otra.
Samuel Johnson

Aceptación quiere decir que encontraste dentro de ti la serenidad para liberarte de los errores y fracasos del pasado, transportándote hacia el futuro con una nueva perspectiva y la oportunidad de emprender cosas que habías soñado pero no te atrevías a realizar. Atrévete a ser tú mismo, con la responsabilidad de convertirte día con día en una mejor persona, desplegando toda la intensidad de tu esencia.

Lunes · 26   Nutre las emociones de tu familia

Este día de la semana está regido por la Luna y favorece todo lo relacionado con el hogar y la familia. La Luna está en fase creciente brindándote un poder extra en las actividades relacionadas a tu vida hogareña. Toma lo mejor de esta energía y úsala para consentir a los que más quieres, para cocinarles algún platillo especial, para hacer limpieza profunda o redecorar tu casa. Todo lo que este día hagas con amor, tendrá una influencia benéfica en la unión familiar.

La armonía en el hogar es el alimento de la familia, nútrelos con emociones positivas.

octubre

l	m	m	j	v	s	d
			1	2	3	4
5	6	7	8	9	10	11
12	13	14	15	16	17	18
19	20	21	22	23	24	25
26	27	28	29	30	31	

Martes · 27 — Observa con ojos alegres

Quien mira y lo que quiere ver es determinante en lo que se obtiene. La gente triste ve la miseria, mientras que los que tienen esperanza miran un cuerno de la abundancia del que brotan todo tipo de riquezas y tesoros que alimentan el corazón. Lo que pensamos es lo que se materializa en nuestras vidas, piensa positivamente, dale importancia a lo que importa, mira lo bueno y encuentra tu resonancia con la prosperidad.

Recuerda que la esencia humana es igual a la del Universo: próspera.

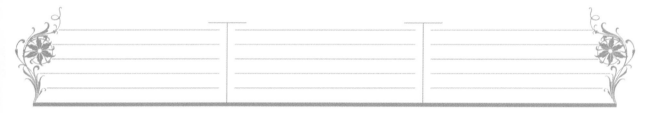

Miércoles · 28 — Recibe cada mañana con ilusión

Confía con alegría en los regalos y bendiciones que el nuevo día traerá, convierte la esperanza en una forma de vida, sintonizándote con el progreso y las oportunidades. Para colocarte en la supercarretera de las posibilidades infinitas, debes cuidar que en todo momento tu pensamiento sea positivo y propositito, que tu intención esté claramente dirigida a la consecución de tus metas. Vivir con fe es vivir con amor.

Para el que tiene el corazón alegre cada día es primavera.

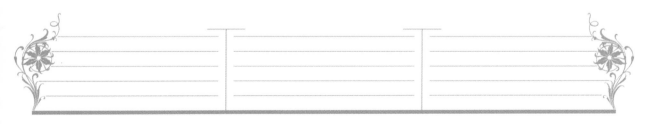

 acepta

Jueves • 29 — Ve la vida como una bendición divina

¿Te imaginas cómo describiría la creación del Universo el más famoso de los escritores de cuentos de hadas? Imagina que tuvieras el talento y la magia para escribir una historia que contara cómo son las estrellas, de qué consiste el aire, cómo surgen las flores del suelo, cómo brotan cascadas de agua y, por último, cómo podría inventarse a un ser perfecto que además tenga la posibilidad de pensar, crear, reír, amar?

La vida de cada hombre es un cuento de hadas escrito por el dedo de Dios.
Hans Christian Andersen

Viernes • 30 — Libera a tu guerrero interior

En ocasiones suceden cosas que nos rompen el esquema, que no esperábamos ni deseábamos y que vienen a desestabilizar nuestra vida. En cada quien está la fuerza para sobrevivir o sucumbir, mantén atento al guerrero que llevas dentro, observa y prevé, la guerra es contra tu lado oscuro. Sólo tú tienes el poder de darle las armas para vencer todas tus debilidades.

El guerrero interno busca la victoria de la paz interior.

octubre						
l	m	m	j	v	s	d
			1	2	3	4
5	6	7	8	9	10	11
12	13	14	15	16	17	18
19	20	21	22	23	24	25
26	27	28	29	30	31	

Deja salir a la hechicera que vive en ti

Este día está cargado de intensa energía. Según los antiguos celtas, esta época es de guardar, pues los muertos bajan a la tierra y se abre, la comunicación entre el cielo y el suelo, los que ya no están acá abajo harán favores a los que todavía permanecen. La luna creciente favorece las peticiones y rituales mágicos.

Podrías enfrentar problemas con la autoridad masculina, pues tu Sol hace cuadratura con Marte en Leo. La Luna, Venus y Mercurio te dan inteligencia y amor para mediar en las dificultades.

Escribe en un papel lo que quieres conseguir, enciende una veladora morada, usa tu poder mágico transmutador. Aplica toda tu intención, hoy es el día para hacer magia.

Samhain

Desde hace tres mil años, Samhain es la fiesta pagana más importante de origen celta, con una duración de tres noches, en la que se reconocía el final del verano y de las cosechas. Samhain es un tiempo oscuro, de apertura al otro mundo, de transición que da paso al año nuevo celta, el primero de noviembre. Las celebraciones se realizaban alrededor de fogones y se creía que los muertos salían en busca de cuerpos para resucitar, por lo que ensuciaban la entrada de sus casas colocando huesos, calaveras y objetos desagradables que alejaran a los malos espíritus. La Iglesia Católica transformó esta celebración en el Día de todos los Santos. Ya sea Samhain, Halloween o Día de Muertos, éste es el tiempo de lo oculto y de la magia.

acepta

Día de Muertos... tiempo de recordar

Día de Muertos, tiempo de recordar.

La celebración del Día de Muertos es una fecha mística, llena de simbolismos que se realiza con mucha fe, amor y respeto. En algunas poblaciones de México se adornan con veladoras y flores de cempasúchil las tumbas en el panteón y desde allí se forman caminos con flores para señalar al difunto el camino de regreso a casa, donde al llegar encontrará a toda la familia dándole la bienvenida y un altar con ofrendas especiales, entre ellas:

- El papel picado simboliza el aire y la vida.
- Los cirios en señal de duelo significan también el elemento fuego e iluminan el camino de regreso al hogar.
- El vaso con agua servirá para quitarse la sed después del largo viaje desde el más allá.
- El tequila es un recuerdo de las grandes celebraciones y un incentivo para que decida visitarnos.
- El jabón y toalla, que le servirán para limpiarse las manos.
- Las cruces de cenizas son para ayudarlo a salir del purgatorio y expiar sus culpas.
- El incienso o copal para limpiar el camino que recorre y alejar a los malos espíritus.
- La comida que en vida le gustaba, para agasajarlo en su visita.
- Las flores de cempasúchil por su aroma y encendido color amarillo, para señalarle el camino a casa.
- La fotografía del difunto, le servirá como pase de salida en caso que estuviera en el purgatorio.

oviembre

une

Nada es absoluto, todo es dual, todo tiene polos que difieren en el grado de su misma naturaleza. Todo posee su parte positiva y negativa, su lado masculino y femenino. La dualidad está expresada en la simbología de diferentes culturas milenarias, como ejemplo, el símbolo del Tao o "yin yang" chino, que muestra que todo posee un poco de su contrario y que juntos se complementan.

Visualízate como un listón energético que tiene la capacidad de unir los contrarios y que al hacerlo se fortalece con luz infinita. Utiliza tu poder interior y libera al mago que vive en ti. Une.

Domingo • 1   Pide protección del cielo

Todos los Santos

Se recuerda a los niños fallecidos, a los santos inocentes. Este día es de gran espiritualidad para diversas culturas, al coincidir en que se abre una línea de comunicación entre el cielo y la tierra. Cuida tus actos procurando mantener una actitud positiva y armoniosa con tu entorno, con compañeros de trabajo o estudios, con tu familia y especialmente con tu pareja e hijos. Si has tenido problemas, pide a alguien del cielo que interceda por ti.

El Sol y Mercurio en Escorpio juntos cuadran a Marte en Leo. Continúan las molestias contra la autoridad, las sospechas de que algo oculto se está cocinando.

Celebro mi nacimiento, me aman en la Tierra y me cuidan desde el cielo.

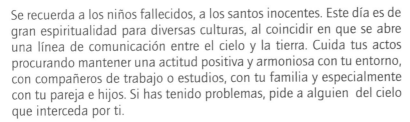

Lunes • 2   Manda paz a los ausentes

Los Fieles Difuntos

A las personas que ya no están entre nosotros hay que recordarlas con amor, sin atarlas con nuestros lamentos y sufrimientos. Aquel que se ha ido necesita sentir que no deja asuntos pendientes de resolver, porque de esa manera no encontrará paz ni descanso. Recuerda, pero siempre celebrando la vida y acciones de ese ser amado, dale descanso con una ceremonia íntima y personal donde le ofrezcas aromáticas flores blancas, incienso y velas blancas brillando para iluminar su camino.

Luna llena (13:14)

El nacimiento y la muerte no son dos estados distintos, sino dos aspectos del mismo estado.
Mahatma Gandhi

noviembre						
l	m	m	j	v	s	d
						1
2	3	4	5	6	7	8
9	10	11	12	13	14	15
16	17	18	19	20	21	22
23	24	25	26	27	28	29
30						

Martes • 3   Sorpréndete con lo cotidiano

Mira detenidamente todo lo que normalmente das como un hecho, recupera la capacidad de sorprenderte con la variedad y belleza de la naturaleza, pon atención al viento y a sus sonidos, observa a tu mascota, disfruta la sonrisa de los niños. Escudriña profundamente la magnificencia que hay en todo, asómbrate ante la grandeza del cielo y agradece por tu propia y perfecta creación.

Para descubrir la infinita grandeza del Universo, el instrumento más adecuado no es el telescopio, es el microscopio.
Oppenheimer

Miércoles • 4   Expresa tu amor

El planeta del amor en las mejores relaciones con el de los sueños y el romanticismo te piden que hoy dejes a un lado el "yo" para darle la bienvenida al "nosotros". Estás en el mejor momento para alinearte con la esencia del amor. Si tienes pareja, este día es ideal para afianzar los lazos con tiernos detalles y expresiones poéticas. Si estás solo, atrévete a soñar a la persona ideal, pide por que llegue a tu vida y comienza a poner atención, no sea que la dejes pasar.

Venus sigue en trino con Neptuno llenándote de romanticismo y sensaciones artísticas.

Recuerda detallar las características que buscas, a más precisión, mejores resultados.

Jueves • 5 — Apégate a tus metas

A veces, por circunstancias de la vida, tenemos que renunciar o dejar para después lo que realmente deseamos hacer, los sueños, propósitos y proyectos inmediatos. Posterga tus metas únicamente si el motivo es superior en esencia, de cualquier manera no pierdas tus anhelos ni detengas tu camino, pues a veces se renuncia a lo que es o lo que se es, por la esperanza de ser. El que quiere puede y no hay nada que lo detenga.

Nunca pidas que las cosas se hagan como quieres, procura quererlas como ellas se hacen, por ese medio todo te sucederá como lo deseas.
Epicteto

Viernes • 6 — Reúne a tu familia

Organiza una comida con tus seres amados, si hay diferencias entre ellos coloca manzanas rojas para armonizar diferentes espacios de la casa. Esparce un poco de diamantina plateada en las esquinas y orillas de la mesa para acercarlos energéticamente y que la re-unión se realice con bienestar y en alegre convivencia. La unión de la familia es el cobijo de cada integrante, mantén la comunicación abierta.

Exprésales tu amor prodigando cariño y buenos detalles.

noviembre 2009

noviembre

l	m	m	j	v	s	d
						1
2	3	4	5	6	7	8
9	10	11	12	13	14	15
16	17	18	19	20	21	22
23	24	25	26	27	28	29
30						

 194

Sábado · 7   Abre tu mente a diferentes conceptos

Conoce nuevas teorías, descubrimientos, estilos de vida y creencias. Abrir tu entendimiento a otros conceptos aunque no comulgues con ellos, traerá como resultado una mente elástica y poderosa, abriéndote a la posibilidad de sumar conocimientos y prácticas que pueden resultar en tu beneficio. Todo lo que te pueda hacer crecer, debe ser bienvenido a tu vida. Abre tu puerta a lo que te enriquece.

Aprende una cosa nueva cada día, date permiso de probar cosas distintas, decide con conocimiento.

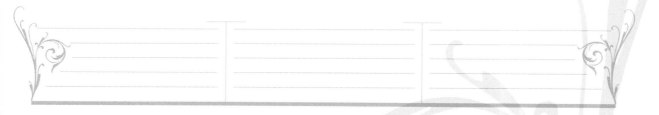

Domingo · 8   Únete a una buena causa

Afíliate a una institución benéfica, a una organización con causa o a un grupo de ayuda y voluntariado. Si quieres luchar, que sea a favor de algo y no en su contra, no hables del mal que repeles, sino del bien que se hará con el cambio. Recuerda que el valor depende del enfoque, piensa creativamente, busca soluciones a lo que está enredado, da todo de ti con amor y con deseos genuinos de hacer el bien, sin esperar reconocimiento ni aplausos.

Si haces bien para que te lo agradezcan, mercader eres, no bienhechor; codicioso, no caritativo.
Francisco Quevedo

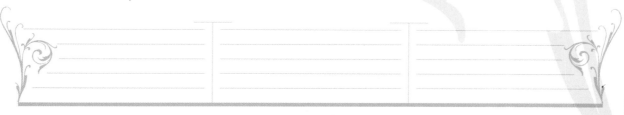

une

Lunes • 9   ## Utiliza tu prudencia

Los efectos planetarios de este día pueden dar origen a malentendidos y situaciones desfavorables, tómalo con calma, evita entrar en discusiones, especialmente en el trabajo con tus superiores y en la familia con tu padre o esposo. Hazte invisible por un rato, es más sabio guardarse que exponerse innecesariamente.

Luna menguante
Hoy el Sol en cuadratura con la Luna, Marte, Neptuno, Kirón y Júpiter te da la impresión de que la autoridad masculina está en tu contra.

La Luna menguante de hoy, te ayuda a alejar lo que te molesta, decídelo y así será.

Martes • 10   ## Aléjate de las sospechas

En el mes de Escorpio, el signo detective del zodiaco, no pueden faltar los motivos ocultos, la sospecha y la intriga. Estas características están en el aire, tú decides si te dedicas a desconfiar o si las utilizas para ahondar en las cosas que te llaman la atención. Utiliza este empuje para adentrarte en el mundo que siempre has deseado conocer, aléjate de pensamientos negativos, evita juzgar y condenar.

Mantente a una saludable distancia de los chismes y los chismosos.

noviembre						
l	m	m	j	v	s	d
						1
2	3	4	5	6	7	8
9	10	11	12	13	14	15
16	17	18	19	20	21	22
23	24	25	26	27	28	29
30						

Miércoles · 11 — Encausa tus impulsos

Mercurio es la inteligencia. Las verdades que te incita a buscar deben estar relacionadas con tu crecimiento y maduración. Escoge bien a qué le prestas atención en estos días, ocupa tu mente con conceptos propositivos y no con pensamientos tortuosos. Analiza en tu interior si entre tus conocimientos existe algo que podría beneficiar a muchos y si ha llegado la hora de enseñar y compartir.

Mercurio en Escorpio está ansioso de revelaciones.

Procura hacer algo o imaginar que haces algo, dale cauce a tu impulso creativo.

Jueves · 12 — Desarróllate al máximo

Cada uno nace con sus circunstancias de vida, pero también con la capacidad de desarrollarse aun en las situaciones más adversas. Hay seres privilegiados y exitosos que han surgido de familias, países, barrios y entornos difíciles, no es válido culpar a las condiciones de lo que no se logra y mucho menos cuando vemos casos extraordinarios de personas que careciendo de todo, incluso de piernas o brazos, se desarrollan a plenitud y se destacan de los demás.

No te conformes con cualquier cosa, despliega todas tus capacidades y consigue el triunfo. Tú puedes.

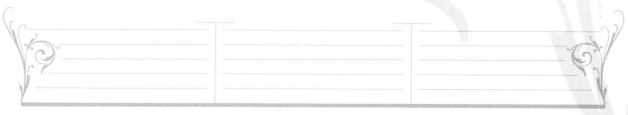

une

Viernes • 13   Suma y ganarás

Suma cuando te relaciones con las demás personas, consiguiendo un nuevo amigo cada día. Suma armonía a tu hogar, involucrando a cada integrante con un compromiso que traiga bienestar a la familia. Suma en tu trabajo, alentando una mejor comunicación entre compañeros. Suma en el amor, aceptando a tu pareja tal como es, sin querer cambiarla. Suma a tu vida actividades que perduren en el tiempo, como recuerdos y experiencias enriquecedoras.

Suma un amigo tendiéndole la mano a un desconocido, te sorprenderá en qué paquete puede llegar la lealtad.

Sábado • 14   Conviértete en un ser de luz

Los aspectos zodiacales te han regalado la magia, el amor y la posibilidad de comunicarte eficazmente este día, aprovecha al máximo cada minuto, pues en tu mano tienes el bien que otros buscan y la buena fortuna camina a tu lado.

El Sol en conjunción con Mercurio, te da hoy la inteligencia, comunicación e imaginación de su aspecto con el visionario Urano. La Luna con Neptuno y Kirón, te ayudan a utilizar la magia para sanar a tu niño interno. Los planetas te mandan hoy repartir armonía, abundancia y bendiciones a tus seres amados.

La mejor manera de hacer el bien es deseándolo desde el corazón, el simple hecho de pensarlo genera ondas benéficas, actuar en consecuencia es liberar tu poder de sanación.

■ noviembre ■

l	m	m	j	v	s	d
						1
2	3	4	5	6	7	8
9	10	11	12	13	14	15
16	17	18	19	20	21	22
23	24	25	26	27	28	29
30						

 198

Domingo • 15   Sacúdete el polvo viejo

A veces nos sentamos a esperar que algo extraordinario nos suceda, como si los eventos transformadores pudieran darse nada más porque sí. Levántate de tu silla antes de que los dos se fundan en uno y te conviertas en parte del asiento o del respaldo, pon en marcha tus ideas planeando cada uno de tus pasos. Sacúdete el polvo viejo por ligero que éste sea pues la oportunidad puede estar pasando por tu lado y sólo si te encuentra activo será atraída por tu energía.

Si quieres que las cosas sucedan, muévete.

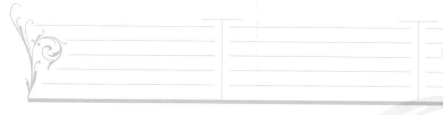

Lunes • 16   Toma de cada momento lo mejor

Este mes está inspirado por la esencia de Escorpio, el investigador y suspicaz, pero también bondadoso y justo signo zodiacal. Toma de su espíritu la iluminación que necesitas para hacer magia y transformar tu mundo. El tesón, esfuerzo y decisión son sus herramientas; la inseguridad y los celos sus características desfavorables. Evoluciona tomando lo mejor de cada momento, sé como un filtro que retiene lo que sirva para tu desarrollo total.

Luna nueva (13:14)

Aleja de tu mente los celos y la desconfianza, recuerda que sólo puedes hacer lo que tú haces, lo demás es responsabilidad de otros.

une

Martes • 17   Da salida a tus sentimientos

Si bien es cierto que podemos transmutar nuestros sentimientos, también lo es la necesidad de dejarlos salir. Una formula magnífica para liberarse de emociones dañinas, es darse un largo baño en la ducha, el agua purifica el aura y se lleva lo que no sirve hasta el desagüe. Llorar bajo la regadera es una buena forma de dejar salir lo negativo y quedar limpio para volver a la lucha con ánimos renovados.

Mercurio en cuadratura con Neptuno y con Kirón te vuelve quejumbroso este día, busca un oído cariñoso para que te comprenda y unos brazos que te abriguen.

Guarda tus emociones para compartirlas únicamente con quien de verdad te quiere. A todos los demás diles que estás muy bien.

Miércoles • 18   Responsabilízate por tu desarrollo

A veces sentimos que todo ha estado en nuestra contra o simplemente que no pasa nada nuevo, ni bueno. Es responsabilidad de cada uno forjarse una vida a la medida de sus capacidades, pero es además también una obligación el desarrollarse al máximo. Revisa bien dentro de ti y mira cuáles atributos estás desperdiciando, porque una cosa es segura, todo lo que necesitas para triunfar está dentro de ti y no allá afuera. Toma responsabilidad de tu propia vida.

El primer paso es tomar conciencia de quién eres y qué deseas hacer, lo demás viene por añadidura. Naciste para ser feliz.

noviembre 2009

l	m	m	j	v	s	d
						1
2	3	4	5	6	7	8
9	10	11	12	13	14	15
16	17	18	19	20	21	22
23	24	25	26	27	28	29
30						

noviembre

 200

Jueves • 19   Haz magia

Elige un momento de quietud para encender una veladora rosa y un incienso que elevarán al Cosmos tus peticiones y te ayudarán a meditar. Trabaja mano a mano con el primer rayo de la voluntad creadora. Visualiza que del centro de tu frente sale una luz blanca nacarada y se extiende a tu alrededor, envolviendo a tu persona, a tus seres queridos, a todo aquello que desees proteger, mejorar, otorgar tu amor incondicional, reconocer como fuente de aliento para el bienestar de los demás.

Por cada persona que medita y entra en oración, cien más resultan beneficiadas. Tú tienes el poder de cambiar todo.

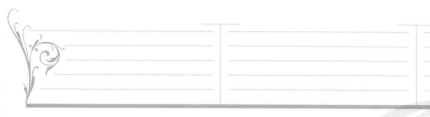

Viernes • 20   Aléjate de provocaciones

Aniversario de la Revolución Mexicana

Mantente alerta y dale dirección a tu estado de ánimo, actúa con inteligencia y sobre todo con tiento y prudencia para no caer en provocaciones, actitudes fatalistas, peleas y hasta depresión. Preocuparte quiere decir ocuparte antes de que pasen las cosas y sea demasiado tarde para dar marcha atrás.

Recuerda que se necesitan dos para bailar tango.

Venus amanece en cuadratura con Marte, podrías tener un descontento relacionado con tu ocupación o profesión por lo que percibes como imposiciones e injusticias. Hoy te sientes inconforme y piensas en cómo salir de la situación.

une

Sábado • 21　Nutre tu interior y serás más bello

La belleza exterior es el resultado de la paz interior y de una buena alimentación. Idealmente debemos consumir vitaminas, proteínas y minerales contenidos en semillas, frutas, verduras, carne y lácteos, por mencionar algunos. Revisa lo que comes y agrega suplementos alimenticios como el calcio, necesario en las mujeres después de los treinta, y también antioxidantes como el aceite de salmón o de pescado proveniente del mar profundo, que te mantendrán siempre joven.

Un cuerpo ejercitado diariamente será más bello y longevo.

Domingo • 22　Dale acción a tus pensamientos

Si no pones atención absoluta, si no analizas, si no te dedicas a practicar lo que sabes, es que no sabes quién eres, pero lo más importante, que ignoras en lo que podrías convertirte. Todos tenemos un potencial escondido, oculto inclusive a nosotros mismos, hasta que un día escudriñas tu interior, buceas en la profundidad de tu mente y te das cuenta que alguien te lo dijo y que... ¡ya lo sabías! Solamente falta tu intención y tu acción.

Quien hace, puede equivocarse. Quien nada hace, ya está equivocado.

noviembre 2009

noviembre

l	m	m	j	v	s	d
						1
2	3	4	5	6	7	8
9	10	11	12	13	14	15
16	17	18	19	20	21	22
23	24	25	26	27	28	29
30						

202

Lunes • 23   Agradece tus bendiciones

Haz un alto en el camino, date cuenta de todos los bienes que posees: vista, olfato, movilidad, inteligencia, capacidad de aprendizaje, de amor, personas que te aman y reciben tu ejemplo. Date a ti mismo el regalo de reconocer que estás vivo, que estás conectado a la fuente divina de armonía y que tu Creador vela por ti. Honra tus atributos destacando tus mejores cualidades, trabaja por un orden que beneficie a todos y a todo.

Recuerda que el espíritu es de evolución en unidad, comienza por ti mismo y los demás te seguirán.

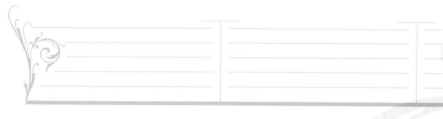

Martes • 24   Fluye con tus emociones

La sensibilidad, como todo, tiene sus polos y es un arma de doble filo. Pero el hombre que ha sido dotado del poder único de discernimiento, puede escoger el camino que ha de seguir. Tu sensibilidad puede fluir como llanto o como expresión artística, como baja autoestima o como exaltación de tu yo interior. Tú tienes el poder de destruir o construir, constrúyete un mundo mágico.

Acepta tus emociones en forma controlada, recuerda que tu mente manda sobre ellas.

Luna creciente
Júpiter, Kirón y Neptuno juntos en Acuario, avivan tu imaginación, renuevan tus sueños. Hoy puedes estar demasiado sensible, recuerda que es pasajero.

Miércoles • 25 **Une compartiendo**

Se disfruta mucho más de lo adquirido si se comparte con alguien más. Los bienes deben correr como el agua para que no se estanquen y se echen a perder. Ninguna felicidad puede provenir de lo que se tiene, si al voltear la vista se mira que otros lo carecen. Brinda tu ayuda en círculos concéntricos, del más cercano hacia fuera. Comparte cosas materiales, pero también abrazos, palabras sinceras de amabilidad y aliento.

Mira primero por tu familia, recuerda el dicho: Farol de la calle, oscuridad de su casa.

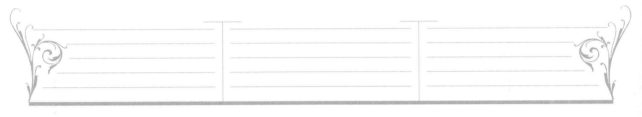

Jueves • 26 **Agradece profundamente**

Día de Acción de Gracias

Esta tradición alude a la llegada de los primeros peregrinos en busca de una mejor vida a tierras norteamericanas, y esta fecha es tal vez más importante que la Navidad, porque reúne a toda la familia en una cena donde se da gracias por todo lo logrado durante el año y porque se tiene alimento y cobijo. Tomemos de cada tradición su espíritu y esencia, unámonos en un profundo agradecimiento a quien nos ha tendido la mano, al planeta por ser nuestra casa y a Dios por darnos su aliento divino.

Cada vez que generas energía de agradecimiento, contribuyes a la sanación del planeta y la humanidad.

noviembre 2009

noviembre						
l	m	m	j	v	s	d
						1
2	3	4	5	6	7	8
9	10	11	12	13	14	15
16	17	18	19	20	21	22
23	24	25	26	27	28	29
30						

 204

Viernes · 27   **Libera tu creatividad**

Hoy es un día para poner en marcha proyectos que parecían demasiado fantasiosos o irrealizables. Todo es posible, sobre todo aquello relacionado con nuevas tecnologías, forma de comunicación, normas de convivencia, leyes y mejoras en el bienestar de la humanidad. Aprovecha este tránsito astrológico y saca a la luz tus ideas y proyectos, si no tienes ninguno guardado es el momento perfecto para soltar tu imaginación y crear.

Júpiter en conjunción con Neptuno en Acuario.

Claro que tienes buenas ideas, solo déjalas fluir y dales forma.

Sábado · 28   **Sé un maestro de la vida**

Lo que sabes, seguramente es el resultado de mucho esfuerzo y desvelos, pero en tu mano está facilitarles el camino a otros, otorgándoles la posibilidad de aprender de ti. Cuida que la información que proporcionas sea la que cada individuo necesita, porque hay conocimientos que algunos no están listos para recibir. Ayuda al que está ansioso por aprender y no ha tenido los medios, pero al mismo tiempo, ayúdate a ti mismo dándote la oportunidad de aprender lo que no sabías.

El que tiene la información, tiene el poder.

une

Domingo • 29   Abre tu puerta al espíritu de la Navidad

Hoy es un día perfecto para abrir las puertas de tu casa al espíritu navideño. Saca los adornos y esferas que tienes guardados, revisa lo que te hace falta para la decoración y juntos en familia, hagan planes para el mes que llega. Decidan qué esperan de la época, organicen manualidades y decoraciones, exalten la esencia de amor, de renovación, de dar, compartir y agradecer. Hagan un pacto de solidaridad y no agresiones.

La época navideña ya está aquí y su espíritu es de alegría.

Lunes • 30   Purifica tu casa

Este día es propicio para la limpieza, mucho más porque se trata de la antesala del mes navideño. Haz una purificación en tu hogar, libra tu casa de todo lo que no sirve, del polvo, la suciedad y especialmente de la energía negativa generada por malos entendidos, peleas y discusiones. Mañana da comienzo el mes mágico del amor y la prosperidad y tú quieres recibirlo con la casa limpia y el corazón alegre. Recorre tu casa con inciensos y el sonido de campanas para eliminar la posible toxicidad de malas vibraciones, enciende una veladora en el centro del hogar y déjala consumir.

Deshazte de adornos navideños rotos o en mal estado, la energía que viene en camino es de prosperidad.

■ noviembre ■						
l	m	m	j	v	s	d
						1
2	3	4	5	6	7	8
9	10	11	12	13	14	15
16	17	18	19	20	21	22
23	24	25	26	27	28	29
30						

206

diciembre

El tiempo que medimos como 2009 comienza su transformación liberando su esencia de amor y prosperidad. He aquí el momento de evaluar qué tanto hicimos por nosotros, por los otros y por el planeta, pero también de fluir en armonía con el espíritu de la buenaventura. Dedícate en cuerpo y alma a vibrar con el mismo ritmo de esta época, si te sintonizas con la temporada estarás abriendo la puerta del progreso, la abundancia y el bienestar.

Todo lo que hagas en estos últimos días, tendrá un impacto directo en el próximo año. Concéntrate en ser feliz y llevar felicidad a los otros, es momento de compartir, de dar y recibir, de amar y ser amado, de disfrutar y brindar alegría, es momento de agradecer y festejar: Celebra.

celebra

Martes • 1

Festeja cada día y cada minuto para activar la felicidad

Este mes llega cargado de energía positiva, elige poner toda tu atención en hacer de éste un tiempo de riqueza emocional y crecimiento espiritual. Cuando entre el árbol de Navidad a la casa, debe ser el jefe de familia quien lo cargue con el pico por delante. El árbol simboliza abundancia, si quieres que llegue más dinero a tu casa, colócalo en el fondo a la izquierda, zona de la riqueza, y si buscas amor, ponlo en el fondo a la derecha, zona del amor según el Feng Shui.

Las zonas del Feng Shui se toman como referencia desde la puerta de entrada, mirando hacia adentro.

Miércoles • 2

Cuelga tus deseos como esferas

Reúne a tu familia para hacer ornamentos navideños con intención. Escriban sus deseos en pequeños papelitos que meterán dentro de esferas que después decorarán con listones, diamantina, estrellitas, etc. Con estas esferas va la creatividad artesanal de cada integrante, la intención convertida en deseos mágicos y la oportunidad de convivir en un ambiente de alegría. Elige el color de acuerdo a tus aspiraciones.

Luna llena (01:30)

**Doradas y plateadas
para el dinero.
Rojas y rosas para el amor.
Verdes para salud y
prosperidad.
Azules para paz y tranquilidad.**

diciembre						
l	m	m	j	v	s	d
		1	2	3	4	5	6
7	8	9	10	11	12	13
14	15	16	17	18	19	20
21	22	23	24	25	26	27
28	29	30	31			

Jueves • 3   Decora tu árbol para la fortuna

Para que lleguen a tu vida el amor, la prosperidad y la alegría, agrega estos ornamentos a tu árbol de Navidad: Campanitas, para llamar la buena suerte. Espigas de trigo, para el trabajo. Llaves, para abrir los caminos. Una casita, para que nunca te falte techo y abrigo. Una bolsita con arroz, para la abundancia. Regalitos en miniatura, representando las bendiciones que tienes. Estrellas para guiarte por el camino adecuado. Corazones para el amor. Un Sol para la energía vital. Tres monedas chinas amarradas en un listón rojo y muchos angelitos para protección y todo lo que quieras.

Escribe en un pequeño pergamino tus deseos, enróllalo, amárralo con un listón rojo y colócalo en el árbol.

Viernes • 4   Recoge lo que ahorraste y compártelo

Llegó el tiempo de romper el cochinito, de recibir el aguinaldo y también de compartir. De lo ahorrado, dona el 10% para una buena causa, usa otro 10% para seguir ahorrando; dispón del resto conforme a tus deseos. Dar es el motor que traerá más de vuelta.

El Sol en trino con Marte, Júpiter en conjunción con Neptuno y Kirón. Rechaza el pesimismo. Hoy tienes el deber de triunfar.

Para atraer prosperidad y que nunca falte el alimento, junta varias espigas de trigo pintadas de dorado o plateado y amárralas con un listón rojo. Ponles una pequeña campanita, colócalos en diferentes espacios de tu hogar.

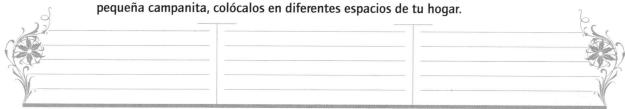

celebra

Sábado • 5 — Libera lo mejor de ti y se multiplicará

Es tiempo de cambios y transformaciones, deja que surjan los buenos sentimientos y tus mejores atributos. Es tiempo de replantearte antiguos rencores y dejarlos ir para siempre. Saca lo mejor que tienes para atraer la buena suerte, la riqueza y el amor.

Para generar abundancia, haz un bonito arreglo con pequeñas mazorcas de maíz secas, pintadas en dorado y decoradas con listones o esferas en colores rojo, verde y dorado.

Domingo • 6 — Decora tu árbol para el matrimonio

Si te quieres casar, decora un pequeño árbol con ornamentos en color blanco, cuelga objetos que reflejen tus deseos: bebés en miniatura, casitas, coches, etc., agrega azahares, una figura de novios como las usadas en los pasteles y cubre todo con un velo de tul como de novia. Usa tu sabiduría mágica para decorarlo con intención, llamando con cada detalle a esa persona especial, colócalo en el fondo a la derecha de tu habitación. Pon abajo del árbol la fotografía o descripción de tu pareja ideal.

Deja tu arbolito hasta el 7 de enero del 2010.

diciembre						
l	m	m	j	v	s	d
	1	2	3	4	5	6
7	8	9	10	11	12	13
14	15	16	17	18	19	20
21	22	23	24	25	26	27
28	29	30	31			

Lunes • 7   Tus peticiones son escuchadas

Se abren las puertas de la prosperidad a los seres de buena voluntad. A partir de este momento realiza diariamente al menos un acto que traiga buenaventura a los demás y por ende a ti mismo. Empiezan a llegar los regalos.

Amarra con un listón rojo tres rajas de canela y una espiga de trigo, coloca estos atados en diferentes espacios de tu casa y oficina. El aroma de la canela se asocia con la Navidad y genera oportunidades, el trigo simboliza alimento y riqueza.

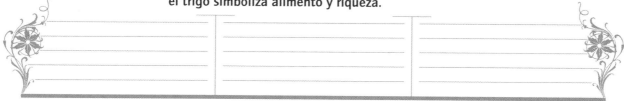

Martes • 8   Genera energía de prosperidad

Luna creciente

La Luna creciente favorece la energía positiva y nos ayuda a elevar nuestros deseos. Sé claro y preciso en lo que quieres, las puertas del cielo se abren a las peticiones formuladas con amor. Usa todos tus sentidos para descubrir las señales, si no llega lo pedido es porque algo mejor viene en camino.

Atrae energía de prosperidad al tiempo que aromatizas tu espacio colocando un lindo platón con clavos de olor, nuez moscada y canela en raja, agrega detalles como esferas, piñas secas o manzanas.

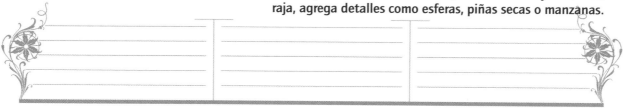

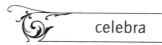
celebra

Miércoles • 9   Decora con nochebuenas

La leyenda dice que Dios pidió a las flores que se destacaran para escoger la mejor de cada estación y que con su presencia llevaran amor y armonía a quien las tuviera. La nochebuena estaba muy triste porque a pesar de su gran deseo por inspirar amor, sabía que su flor era muy pequeña y sus hojas muy grandes. Ante la verdad de sus sentimientos Dios derramó su sangre sobre sus hojas haciéndola la más hermosa.

Mercurio en conjunción con Plutón te abre el entendimiento y la capacidad de expresión, cuida que no sean cosas definitivas las que digas hoy, porque no hay vuelta.

Una nochebuena es un bonito regalo que expresa amor y buenos deseos.

Jueves • 10   Irradia energía positiva

La energía de millones de personas se dirige a un mismo destino, vivir a plenitud: celebrar, amar, agradecer. La luna menguante te ayuda para librarte de todo lo negativo, pide con el corazón, fusiona tus peticiones con la fuente energética de esta temporada. Si puedes, contagia tu positivismo a los pesimistas. Si no puedes, aléjate de ellos para que no pierdas la ilusión de hacer de esta época un tiempo de desarrollo y evolución.

Coloca bajo tu árbol monedas de chocolate para atraer buena fortuna.

diciembre

l	m	m	j	v	s	d
	1	2	3	4	5	6
7	8	9	10	11	12	13
14	15	16	17	18	19	20
21	22	23	24	25	26	27
28	29	30	31			

Viernes • 11 — Exhala riqueza espiritual

Es momento de pedir por el bien más elevado, por el bien mayor de la Tierra y de toda la humanidad. Realiza el ejercicio de respiración del infinito: Inspira las partículas diamantinas de la creación que te rodean y exhala amor; hazlo tres veces, tres veces al día. Trata de enviar ese aliento a los que más quieres y realiza buenas acciones que ayuden a los más necesitados. Esta temporada trae como mandato el compartir.

Las velas rojas son una linda decoración, si las enciendes diariamente activas la llegada de la buena fortuna.

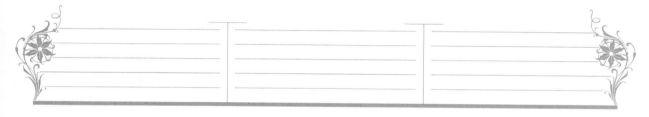

Sábado • 12 — Agradece a la madre amorosa

Nuestra Señora de Guadalupe
Hanukkah

La Virgen de Guadalupe es muy milagrosa, es patrona y madre de los mexicanos, emperatriz de América. Los mejores lugares para ubicar su imagen son en la entrada de la casa o en el muro principal. Coloca alrededor de la virgen flores frescas, de preferencia rosas, las fotos de la familia y de todo aquello que requiera su protección. Si tienes jardín o terraza coloca su figura al lado de un rosal, verás cómo florece de forma increíble... aún mejor si son rosas de castilla.

La Virgen lleva en su capa la imagen de las constelaciones vistas desde arriba.

 celebra

Domingo • 13 — Regala desde el corazón

Hanukkah

Prepara bellos regalos navideños que llevarán tu toque mágico. Fabrica *satchets* aromáticos haciendo una bolsita con tela de tul, amarrada con listones de colores: rojo: poder y pasión; rosa: amor y armonía; verde: salud y prosperidad. Agrega un cuarzo rosa para el amor o una piedra de pirita para el dinero.

- Para el amor: rosas secas, anís y canela.
- Para la buena suerte: romero seco, menta seca, canela.

Personaliza tu regalo con una tarjetita que describa tus deseos de buena fortuna para esa persona.

Es más valioso el regalo que se da con el corazón.

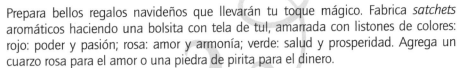

Lunes • 14 — Dale salida a tu pasión

Hanukkah

Seduce a tu pareja con un ponche afrodisíaco, solamente necesitas agregar al ponche tradicional un pedacito de jengibre, canela, menta, una pizca de nuez moscada y un puñito de anís estrella. Déjalo hervir con las especias otro rato y disfrútenlo acompañados de música romántica y luces de velas.

Recuerda que el licor en poca cantidad desinhibe y en exceso apaga las pasiones.

El Sol amanece en conjunción con Venus y en cuadratura con Urano, el imaginativo, así que hoy sentirás que debes atenerte a lo probado, a las normas, a las costumbres, sobre todo en lo relativo al amor y los afectos.

diciembre 2009

l	m	m	j	v	s	d
	1	2	3	4	5	6
7	8	9	10	11	12	13
14	15	16	17	18	19	20
21	22	23	24	25	26	27
28	29	30	31			

diciembre

214

Martes · 15   Escoge tus regalos por su significado

Hanukkah

Todo lo que desees desde el fondo del corazón se verá cristalizado. Si buscas ser original en tus obsequios y agregar tu deseo para la prosperidad de esa persona, elige un boleto de lotería y regálaselo bajo una bonita pirámide, que amplifica y llena de energía lo que se coloca dentro o debajo de ella.

También puedes escoger un monedero o cartera en color rojo y colocar adentro una moneda china y un espejito octagonal que refleje un billete al que le has escrito: "La prosperidad te acompaña".

Miércoles · 16   Celebra con prudencia

Hanukkah

Época de fiestas y celebraciones, comienzan las posadas y los brindis navideños. Recuerda tomar un vaso de agua por cada bebida alcohólica, así podrás disfrutar más y despertarte sintiéndote bien. Hoy es el día ideal para limpiarte por dentro y perder dos kilos con la dieta de la luna nueva. Toma conciencia de tu cuerpo y disfruta prudentemente de las celebraciones, la bebida y la comida.

Luna nueva

Una opción para regalar a tus seres queridos, es la ropa interior roja para atraer el amor y la buena fortuna en la noche de Año Nuevo.

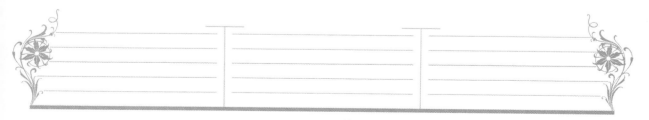

celebra

Jueves • 17

Hanukkah

Decora la Navidad con Feng Shui

Cuando los cinco elementos del Feng Shui, están en perfecta armonía, se genera la energía positiva que atrae las buenas oportunidades. Elabora con cariño y creatividad un arreglo que colocarás al centro de tu hogar. En una base de barro (tierra), coloca ramas de pino (madera), esferas (metal), listones azules (agua) y una veladora (fuego). Disfruta cada cosa que hagas, entrégate al espíritu navideño.

Para atraer un trabajo bien pagado, coloca bajo el árbol navideño un frasco de cristal lleno de monedas y un papel con la descripción del empleo que buscas.

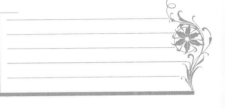

Viernes • 18

Año Nuevo Islámico. 1431
Hanukkah

Mantén la confianza en el porvenir

Bajo ninguna circunstancia te dejes caer, si todavía no tienes el trabajo soñado, el amor de tu vida, el dinero necesario, recuerda que debes mantenerte en la línea del pensamiento positivo y que cada vez que dudas, generas boquetes energéticos que retrasan la llegada de la fortuna. La temporada no es acerca de la riqueza material, sino de la espiritual, al conseguirla, llega lo demás por añadidura.

Sea cual sea tu situación económica, vive intensamente la temporada porque de esa actitud en esta época vendrá la prosperidad que anhelas.

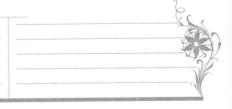

diciembre 2009

l	m	m	j	v	s	d
	1	2	3	4	5	6
7	8	9	10	11	12	13
14	15	16	17	18	19	20
21	22	23	24	25	26	27
28	29	30	31			

diciembre

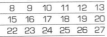
 216

Sábado • 19 — Entra a la dimensión angelical

Hanukkah

Comunícate con tus seres queridos y hazles saber que el portal galáctico infinito está abriéndose para equilibrar y armonizar las frecuencias de todos los seres humanos hacia el crecimiento espiritual. El fenómeno, que comenzó con el eclipse solar del 1 de agosto del año pasado y se reactiva anualmente cinco días antes del 24 de diciembre y hasta el día 29, derrama la luz y vida del Arcángel Gabriel, protector de las familias.

El Sol, que sigue en armonía con Venus y en conjunción con Plutón te da hoy la fuerza para cambiar definitivamente todo aquello que estorba en tu vida.

Gabriel se representa con una trompeta o un lirio y fue quien llevó la noticia de su próxima maternidad a la Virgen María.

Domingo • 20 — Prepara tu canasta de la abundancia

Fabrica o consigue doce bolsitas de tela blanca como manta, seda o algodón. Rellena cada bolsita con semillas distintas: lenteja, haba, frijol, arroz, cebada, garbanzo, trigo, alubias, girasol, maíz, alpiste y doce monedas que te hayan obsequiado doce personas que te quieran. Coloca los saquitos dentro de la canasta simbolizando la abundancia, el alimento y el dinero para el año entrante en el hogar. Coloca tu canasta en un lugar de honor y consérvala allí hasta finales del 2010.

Regala canastas a tus seres queridos, porque con ellas regalarás abundancia para su hogar.

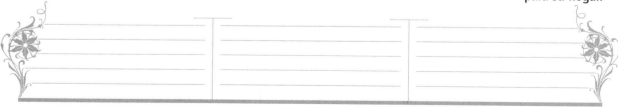

celebra

Lunes • 21   Alíneate con el movimiento solar

Solsticio de Invierno

Éste es el día más corto del año. Su espíritu es de cambio, transición y amor en familia. Para que nunca falte nada en tu casa aun en las épocas más difíciles, monta un altar en una mesa o charola cubierta con un mantel rojo. Pon encima: frutos secos, nueces, avellanas, almendras, manzanas rojas, naranjas, mandarinas y una vela roja que debes prender diariamente hasta que finalice el año.

Decora tu casa con charolas llenas de manzanas rojas, que atraen la abundancia y recogen las malas vibraciones. No te las comas.

Martes • 22   Despliega tu luz interior

El fuego viviente está concentrándose en vísperas de la Navidad, beneficiándote para imponer nuevas reglas de sabiduría con las que vas a decidir cuál es tu verdad personal. La mente sagrada te acompaña para que hagas las mejores elecciones en beneficio del bien mayor para todos. Contacta a tus conocidos, ofrece tu casa como un refugio amoroso a quienes no tienen familia con la que compartir en Navidad.

El Sol en cuadratura con Saturno y Urano se inaugura en el maestro Capricornio, provocando un estira y afloja entre ideas nuevas y viejas.

En un papel rojo escribe lo que quieres recibir como regalo divino en esta Navidad, enróllalo con un listón dorado y cuélgalo del árbol.

■ **diciembre** ■

l	m	m	j	v	s	d
	1	2	3	4	5	6
7	8	9	10	11	12	13
14	15	16	17	18	19	20
21	22	23	24	25	26	27
28	29	30	31			

Miércoles • 23   Prepárate para Nochebuena

Algunas ideas para tu cena de Nochebuena: compra un globo de gas por cada invitado y después de las doce de la noche aten al hilo de cada globo un deseo muy importante en la vida. Suelten el globo hacia el cielo elevando con él sus peticiones.

Coloca una vela pequeña para cada comensal y una veladora grande encendida en el centro de la mesa. A las 12 de la noche prende la primera vela con la llama de la veladora central, de tu llama otro invitado tomará el fuego para la suya y así sucesivamente.

Jueves • 24   Iluminate con la luz divina

Nochebuena

Hoy se conmemora el nacimiento de Jesús, que nos trae regalos, bendiciones y oportunidades que están más allá de cualquier sueño. Entrégate de lleno al goce del sentimiento puro del amor incondicional, tu esencia espiritual te guiará para dar y recibir amorosamente. Confía en el orden divino y suelta tus mejores emociones. Deja un lugar extra en la mesa: un invitado de última hora lo podría necesitar.

Luna creciente
Júpiter en conjunción exacta con Neptuno te hace esperar la Nochebuena con mucho optimismo. La Luna opuesta a Saturno desecha sentimientos negativos.

Todo te será dado, porque en ti vive la divinidad. ¡Feliz Nochebuena!

celebra

Viernes • 25
Navidad

Acepta la presencia divina

Crea hoy tu espacio sagrado, el que irá contigo adonde vayas y te protegerá todo el tiempo. Erige con vibraciones cósmicas las columnas sagradas, diseña el altar, ponle a tu espíritu la corona de la inmortalidad, cúbrete con el manto de luz cósmica, descubre los códigos secretos que tu intuición te dicta, acéptalos y ponlos en práctica para el bien de todos.

Este día celebra el nacimiento, procura la felicidad de cuanto niño te sea posible, libera al chiquillo que llevas dentro y goza vivir con ilusión.

Sábado • 26

Mantén el espíritu elevado

No pierdas los sentimientos de unión y amor, mantén el espíritu en armonía procurando la buena convivencia. Contrarresta los efectos de lo comido y lo bebido, ingiriendo grandes cantidades de agua, aumenta tu ingesta de vitamina C, realiza actividad física, aunque sea caminando alrededor de tu casa. Evita discusiones y regaños, especialmente a los niños, decide conservar para siempre la alegría y la esperanza.

Empieza tu preparación de Año Nuevo decidiendo limpiar tu espíritu de malos sentimientos y antiguos rencores.

diciembre						
l	m	m	j	v	s	d
	1	2	3	4	5	6
7	8	9	10	11	12	13
14	15	16	17	18	19	20
21	22	23	24	25	26	27
28	29	30	31			

Domingo · 27 — Purifica y fortalece

Los elementos negativos que deben ser superados hoy son: negatividad, pesimismo, escepticismo, indolencia, desorganización. El Arcángel Gabriel, de fuerte presencia por tres días más, te ayuda para alcanzar sabiduría y todo el perfeccionamiento que puede alcanzarse en esta vida. Hacer lo mejor que puedas, es suficiente.

Prepárate para el nuevo año: realiza una lista con los errores, fallas y todo lo que deseas cambiar. Métela en una jarrita de barro, préndele fuego y arrójala hacia atrás con fuerza.

Lunes · 28 — Conserva el espíritu de alegría

Santos Inocentes

Hoy se recuerda a los primeros santos: los niños muertos por Herodes entre los que pensó encontrar a Jesús. Tensión en tu mente y cansancio en tu cuerpo pueden hacer mella esta temporada de celebraciones y nostalgias. La menor intensidad de luz solar causa una baja en la melatonina que generamos, lo cual puede acarrear depresión, eso se arregla tomándola en cápsulas.

Recuerda bromear para seguir la tradición. "Pobre palomita que te has dejado engañar porque en este día nada se debe prestar".

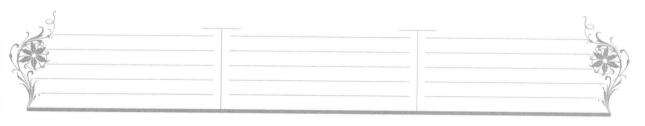

celebra

Martes • 29   Espera más regalos y buenas noticias

Todo lo que hayas dado con amor regresará a ti multiplicado siete veces siete. Recoge lo que sembraste y agradece, pídele al Arcángel Gabriel que siga contigo y con los tuyos protegiéndolos y trayendo siempre las buenas noticias y el conocimiento de los que es portador, anunciando con su trompeta de plata la llegada de más salud, amor, prosperidad, entendimiento, compasión y una nueva era de concordia en todo el mundo. Así sea.

Prepárate para la noche de Año Nuevo.
Supersticiones para el dinero: Lavarse las manos con azúcar y sidra, repartir espigas de trigo, usar algo de oro, algo de plata, algo de cobre y algo prestado.

Miércoles • 30   Evalúa propósitos cumplidos

Casi termina el año y seguramente te preguntas a dónde se fueron las horas, los días y los meses. Te preguntas también si cumpliste todo lo que te habías propuesto al iniciarlo y te das cuenta que muchas cosas quedaron pendientes. Elimina los sentimientos de culpa, elabora una lista con nuevos propósitos y decide cumplirlos.

Prepárate para Año Nuevo. **Supersticiones para atraer abundancia: cocina lentejas y cómete una cucharada pasadas las doce. Reúne monedas y ponlas en todas las esquinas de tu casa. Para viajar mucho en el 2010, ten listas las maletas con las que correrás hacia afuera justo a las doce.**

diciembre						
l	m	m	j	v	s	d
	1	2	3	4	5	6
7	8	9	10	11	12	13
14	15	16	17	18	19	20
21	22	23	24	25	26	27
28	29	30	31			

Despide al año con agradecimiento

Luna llena (13:13)

Adiós año. Fuiste bueno y malo, como todo. Agradece por lo que aprendiste. Al bañarte, toma un puñado de sal gruesa y frota tu cuerpo, sintiendo como el agua se lleva todo lo negativo, úntate con miel de abeja para que todo venga con dulzura y luego enjuágate. Limpia bien tu casa y barre la mala vibra hacia fuera, coloca dinero en tus bolsillos y dentro de tus zapatos, estrena algo, vístete de fiesta y celebra contigo mismo... no olvides usar calzones rojos. ¡Feliz Año Nuevo!

En Año Nuevo luna llena, señal de buena fortuna. Prepara tu ritual para conseguir todo lo que deseas, pues así será.

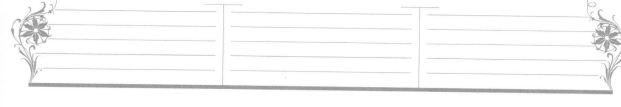

Mega ritual de la luna llena en Año Nuevo

Éste es un ritual en el que enfocarás toda tu intención, sé especialmente cuidadoso al elegir lo que pondrás dentro del círculo, pues representa lo que quieres obtener. Forma un círculo con polvo de plata o diamantina plateada, coloca en el centro una veladora plateada o blanca. Dentro del círculo pon recortes de revistas e imágenes que reflejen tus objetivos, coloca también dinero, joyas, talismanes, cuarzos, fotografías de tus seres amados y tu lista de peticiones y propósitos.

Cuando hayas completado el contenido de tu círculo de los deseos, enciende con cerillos de madera la veladora al tiempo que repites mentalmente y después verbalmente cada uno de tus objetivos. Deja que la veladora se consuma y al terminar retira todo; la lista y recortes con parte del polvo o diamantina serán guardados hasta que se vayan cumpliendo uno por uno, cuando esto suceda, enciende otra veladora agradeciendo el bien concedido. Por último, pon los restos de la cera en una bolsa de papel y tíralos. Todo lo que deseas, si es para tu bien, llegará a ti.

 celebra

Inspiracionario ★ Pita Ojeda
2009

enero

l	m	m	j	v	s	d
			1	2	3	4
5	6	7	8	9	10	11
12	13	14	15	16	17	18
19	20	21	22	23	24	25
26	27	28	29	30	31	

febrero

l	m	m	j	v	s	d
						1
2	3	4	5	6	7	8
9	10	11	12	13	14	15
16	17	18	19	20	21	22
23	24	25	26	27	28	

marzo

l	m	m	j	v	s	d
						1
2	3	4	5	6	7	8
9	10	11	12	13	14	15
16	17	18	19	20	21	22
23	24	25	26	27	28	29
30	31					

abril

l	m	m	j	v	s	d
		1	2	3	4	5
6	7	8	9	10	11	12
13	14	15	16	17	18	19
20	21	22	23	24	25	26
27	28	29	30			

mayo

l	m	m	j	v	s	d
				1	2	3
4	5	6	7	8	9	10
11	12	13	14	15	16	17
18	19	20	21	22	23	24
25	26	27	28	29	30	31

junio

l	m	m	j	v	s	d
1	2	3	4	5	6	7
8	9	10	11	12	13	14
15	16	17	18	19	20	21
22	23	24	25	26	27	28
29	30					

julio

l	m	m	j	v	s	d
		1	2	3	4	5
6	7	8	9	10	11	12
13	14	15	16	17	18	19
20	21	22	23	24	25	26
27	28	29	30	31		

agosto

l	m	m	j	v	s	d
					1	2
3	4	5	6	7	8	9
10	11	12	13	14	15	16
17	18	19	20	21	22	23
24	25	26	27	28	29	30
31						

septiembre

l	m	m	j	v	s	d
	1	2	3	4	5	6
7	8	9	10	11	12	13
14	15	16	17	18	19	20
21	22	23	24	25	26	27
28	29	30				

octubre

l	m	m	j	v	s	d
			1	2	3	4
5	6	7	8	9	10	11
12	13	14	15	16	17	18
19	20	21	22	23	24	25
26	27	28	29	30	31	

noviembre

l	m	m	j	v	s	d
						1
2	3	4	5	6	7	8
9	10	11	12	13	14	15
16	17	18	19	20	21	22
23	24	25	26	27	28	29
30						

diciembre

l	m	m	j	v	s	d
	1	2	3	4	5	6
7	8	9	10	11	12	13
14	15	16	17	18	19	20
21	22	23	24	25	26	27
28	29	30	31			